真っすぐ

再現美容師
chika
ブログより

杉本千加
SUGIMOTO CHIKA

幻冬舎 MC

真っすぐ

―再現美容師ｃｈｉｋａブログより―

はじめに

この本は、わたしが２００９年７月から始めたブログを本にまとめたものです。
わたしについて、そして「再現美容」という、あまり知られていない美容師のお仕事について、
皆さんに知ってもらいたいと思っています。

【再現美容とは】

再現美容とは、患者さまの発想から生まれた特殊な医療ウィッグ（ヘアエピテーゼ）を使って、元の状態や、あるいはお好きなヘアスタイルに近づける施術です。

治療で毎日髪が抜けるということは、女性にとっては大変なショックです。特に身体にメスを入れた人は尚のこと。

大切な身体と髪を失うのですから、人目が気になり殻に閉じこもってしまう方も少なくありません。

治療を受ける人の多くが次のように言います。

わたし、でいたい。
わたし、を失いたくない。
わたし、をくじけさせたくない。
わたし、を強く持って治療に取り組みたい。
だから、いつものわたしといつもの髪でいたいのです。

その切実な想いから……
わたしたちは、その女性たちをこころからサポートし、脱毛した髪を元の状態にし、以前の姿を復元する『再現美容』を行っています。

治療事前カット、ヘアエピテーゼ医療、ウィッグ製作&サイズ調整、メンテナンス、スタイルチェンジ、治療後に発毛された髪の毛をカットするまでが、1年間のサポート内容になります。

NPO法人日本ヘアエピテーゼ協会
2003年　美容ボランティア団体として発足
2005年　再現美容の確立とかつらの学校創設
2006年　特定非営利活動法人に認定

現在、全国26都道府県、200以上の医療機関のご協力を得ながら、37店サロンの再現美容師が髪の毛のリスクあられる方々の心身ケアサポートを行っています。
国家資格を持つプロの美容師が、かつらの学校で技術を学び、治療に関する座学を得て活動しています。

【自身の病気について】

38歳の時に悪性乳がん告知からの右胸全摘出手術と同時に、右腕リンパ節17本切除手術をしています。その後再発・転移しないために、抗がん剤治療を開始しましたが、目標の6本投与で数多くの副作用が出てしまい、4本で投与終了。その後、経口抗がん剤（服用タイプの薬のこと）に切り替えて2年間経過し、今に至ります。
現在は年に1度の定期検査のみです。

【登場人物について】

・ゆずちゃん……ウェルシュ・コーギー・ペンブロークという犬種です。エリザベス女王が生前飼われていた犬種として有名です。杉本家に子犬で来てくれてから10年経つ、女の子のワンコです。

・まるちゃん……桜文鳥の男の子。この子をお迎えしたのは去年の5月からで、今現在はヘアケアリアンの癒しスタッフとしてサロンにおります。

・亜未（あみ）ちゃん……長女、娘です。

・学斗（まなと）君……長男、息子です。

・1号2号3号……弓道帰りによく立ち寄っていたコンビニでバイトする、当時高校生の子たちです。1号と3号は高校1年生の男の子、2号は高校三年生の男の子で、元野球部。

第3章　日々徒然

第4章　余命宣告

第１章
再現美容師の仕事

資格取得者が少ない再現美容師
キャンサーギフト Cancer gift
がんがくれた贈りもの

◇研ぎ澄まされたサロンワーク

先日、ご来店されたM様、かれこれ8年ほどご来店されています。

振り返ること8年前。脱毛症を患い、部分ウィッグを既に頭部に装着済み。

「フルウィッグを手で触り、一度被ってみたい」

そして、脱毛している髪の毛をカットしてもらいたいとのご希望だった。

リアンには、2席のセット面がある。横並びではなく、前後。その距離間は、約2メートル、顧客の状況により、席を決めるわたし。

この時は、もちろんカーテンのある外から覗いても死角になる所。ひとに知られたくない方は、サロンの駐車場には車を停めない。

それ程、髪の毛という大切な部分、ひとには見せたくない部分を知るのは、そのリスクを負った顧客とわたしだけの秘密。

そのデリケートな部分に触れて、鏡を通して、その方のご希望により近づけるというテクニックの技……これが、美容師と再現美容師の狭間だと感じている。

この時に、一番大切にしている事は、この方が何を気にされて何を求めているのか、先ずはその二択。その時のわたしの立ち位置は、ほぼ左側のやや後方。カウンセリングをしながら、髪の毛に触れる時は、その方の中心に立って、コーム（くし）を取る。触れてコームを髪の毛に通してとか

第１章

再現美容師の仕事

してみる。

くせ毛の方が多いこの世の中、癖の出方も様々で、左右対称などあり得ない。

骨格も耳の高さ、髪の毛の生えている所のスタートラインも違うし、裾の一番しっかりした部所は多毛であったり、右側だけがより多毛だったり……。ひとりの人の頭部の中でこんな感じがありまえ。

更に、脱毛している部分の大きさも違うし、脱毛後うっすらと綺麗な産毛が生えてきている部分もある。

その全てを見極めて、ヘアをデザインに落とす。

普通のシザー（ハサミ）、根本の刃が太めで刃先は鋭く尖っていないシザー、セニングシザー（すきバサミ）、逆セニングシザー、レザー（カミソリ）、箇所により使う武器は様々で、目で見て鏡を通して見て使い分ける武器のチェンジ捌き、時として慌ただしくチェンジする。

コームも色んな種類を持っていてその都度使い分ける。ウェットカット（髪の毛が濡れている状態で切ること）の場合と、ドライカット（髪の毛が乾いている状態で切ること）の場合と……。

この日ご来店されたＭ様は過去最大級に疲れ果てていた。

ご希望のスタイル、カラーの色味、ヘッドスパで使用するアロマオイルの選択とシャンプー剤の選択、そしてハンドマッサージのクリームの選択、アロマの音楽の音量、照明の選択。アロマの岩石は、熱湯にしっかり浸けてから水分を拭き取り、薄い布の巾着に入れてホットボックスの中に準備している。

置く場所の一つはおへその下の丹田のツボへ、もう一つはお客様のお好きな所へ。

今回特に疲れている身体の部分も聞き込む。体調の良い方は、施術しながら聞き込んでいるが、体調の優れない方は最初に一気に聞き込んで、2時間半の時間は、ほとんど会話は避けている。

じっと目を瞑っておられる目の前の大切なお客様。

その接客のやり方も、時と場合によりけりで、マニュアル化等できやしない。だからこそ、常日頃から洞察力が必須になる。

ウェットカット開始、そして一旦ドライヤーで乾かす。その方の持つ、ありのままの癖を把握する。

コームでとかし、手でとかし、前後ろ斜めと、癖の一番落ち着く場所を定める。

耳上からネープ（頭部の首上あたりの箇所）までをブロッキングし、シザーのみの質感カットとドライカットのミックス。時にはセニングシザーも使う。この時に大切なのは、立つ位置とシェープする左手。そのシェープした部分は、ほんの少しだけテンションを加える。弛ませない事、全集中すれば髪の毛一本一本が綺麗に見える、それが研ぎ澄まされたカットの醍醐味に繋がる。

その時は、微かに流れる音楽の音と、自身の使うシザーの音、そして心の癒し担当のまるちゃんの鳴き声。

まるで、カットのコンクールの舞台のようだった。

99％の顧客はずっとお喋りされる、サロンワーク。わたしはほぼ聞き役。時にはツッコミ、時にはボケたり、互いに笑ったり泣いたり……。

本当に楽しいひと時を過ごされている。

ほんまに有難い、お客様の大きな存在とこのサロンワークの環境、自分自身の聖地。

心癒され、時には究極の選択をしなければならない場所、自身が学び、気づき、向上できる素晴らしい領域。夢が叶い、実現してからも、終わることのない環境作り……。

わたしひとりではできないこと、目の前のお客様の何気ない言葉は、わたしにとってのサプライズメッセージ。その事をサプライズギフトと名付けたい。

Ｍ様は睡眠も取れていない状況だと知り、カラーの放置タイムの時は、既にシャンプー台で身体を横にしてもらった。腰あたりが少し気になるかも……。

ここでは色んな形のクッションを準備している。

丸型、ハート型、円形のモノ、薄さも幅も様々。

「又クッション増えてる!!!　何個買うつもり？？」と笑うお客様もおられます。

直感で、まだまだ増えるかもしれへんよ（笑）。

「何で？」とお客様。

身体の不自由な方や、様々な箇所の怪我や五十肩・四十肩、椎間板ヘルニアの方、パーキンソン病の方、リンパ浮腫の方……

どんな状況の方が来られても、ゆったりとシャンプー台でシャンプートリートメントやスパをくつろいでもらえるためのお助けグッズなんよ!!!

そこまで考えていたのね、それはプロとしてあたりまえの事よ。それはね、ふ　つ　う、の事。

そんな些細な事を直感で決めたり考えたりする事が、楽しみなんです。

サプライズされるより、サプライズしたいひと。その差かな。

Ｍ様は照明は暗め、アロマオイルは柑橘系の2種類、シャンプーは、育毛効果のあるシャンプー。

アロマの岩石は丹田と、もうひとつはＭ様が胃の部分へ置かれました。

音楽の音量は微かに。特に疲れている部分は首と目。ハンドマッサージの時のクリームはラベンダー。

究極のヘッドスパ開始。今ある自信のスパは、指先の感覚を深く感じる事。頭皮の硬さや、ツボの部分と押した時の凝りの硬さや深さ……。

最近は、施術の時素足になっている。アクセサリーも外して、指先だけに全集中したいだけ。弓道のおかげなのか、その集中力は目覚ましく飛躍している。

鍼灸の先生も、指先の感覚を強く意識して、身をもって感じる他ないと言われた。だからこそ、色んな頭の形に触れていきたい。引き出しをもっともっと増やしていきたい。

欲張りのわたし……。

お金を出してセミナー受講しても学べないこの感覚。

やり方は教わっても、感覚だけは数を経験しないと習得できない至難の技。終わりなきテーマが美容師には数多くある。

M様の左側の首を触った時に衝撃を受けたわたし。ゴリゴリガッチガチのまるで石のようなしこり。これはえらい事……。

そりゃしんどいやろう、頭痛もしたやろうに。もしかしたら頭痛薬も服用していたかもしれないな。こんなにしんどい身体を抱えて、往復2時間弱かけて、たくさんあるサロンの中でここを選び、ご来店してもらえた。

人と話す事もしんどいくらいの凝りの状況を、僅かでもこの障害がある右手と左手で軽減してあげたい一心だった。

こんな疲れ果てたM様の姿は初めて見たから。この想いや、この全集中した貴重な時間に心から感謝できた。

今日のサロンワークでは、普通にお喋りされるお客様のカット中も、髪の毛一本一本が綺麗に見えた。

コレをこれからもずっと継続していきます。

熱く語ってしまったやん。最後まで読み切ってくれた方々には、何をあげようかなぁ（笑）。

今夜も深い眠りを、楽しい夢を見られますように。

◇素直なひとは得をする

おはようございます。

今日は、お休みで七山までゆずちゃんとトレッキング。山登り。まだ寝起きでボンヤリしてますので、数時間後にゆずちゃんと山登りしてる事が想像すらできていないわたし。

天気予報は曇りのち雨、やや佐賀方面はどうなのかな？

何かあれば、トレーナーの先生から連絡あるやろうね。

なのに、ブログ投稿しようとしている自分にウケます（笑）。

玉置○○ベスト。選曲重要。心落ち着く♥

「日本を代表するアーティストや」と、昔の番組、音楽系のやつで有名な歌手の人たちが関○○○

と共にトークしてる中、この方の素晴らしさと伝説を語られていたから。その歌詞の意味が歌声を聞いていると、ほんまに心に響く♥ 天才だと感じるひと!!

1980年1985年あたりのヒット曲を聞いて踊るやつ(笑)。

そんなひとの姿見るゆずちゃんは……逃げる。

今回のタイトル、「素直なひとは得をする」 そう思いませんか??

わたしは素直かどうか正直かどうかというと……。

「こうしたらいいよ!!」と人からアドバイスを受けたら、先ずは耳でしっかり聞いて、その次は、心に響くか響かないか? 自分の心に問いかけてみる。

それから、なるほど、そうなんやぁ、わかった!! ほんまによくわかった!!

よっしゃやったろぉ、即行動、という感じで生きてますし生きてきました。

という事は、まぁまぁ素直で正直、単純単細胞。動物占いでは、お猿さん。そのままの答えでした(笑)

あなたは病気をし、病気で苦しむ人たちが訪れる美容室を経営されているのなら、上の湧き水を頂いて、その湧き水を体調不良の方々にも飲ませてあげたらいいよ。と、飯盛神社の社務所の方に言われた時のわたしの行動は……。

その足でゆずと飯盛山の中腹までるんるん歩いて登りました。それから湧き水を汲む人たちに、いつからその湧き水を飲んではるのか? 効果はあったのか? どうなんや?って、全員に聞きまくりました。

それで、皆さんが持っていたポリタンクを見て写真を撮って、どこに行ったらこのポリタンク買えるのや？？とおっちゃんに尋ねて、するとそのおっちゃんはご丁寧に、

「ホームセンターでもディスカウントストアでも売ってるよ、置いてる場所はキャンプ用品売り場だよ!!　この時間だったらお店開いてるから、すぐ行ってポリタンク買ってここに戻っておいでよ!!」

とまで、出会ってまもないわたしに伝えてくれはったんです。なので……

「わかりましたぁ!!!!

速攻行ってきますわぁ!!!!

ほんまにありがとうございます」

おっちゃんは「あんた、慌てて事故ったら駄目だよぉ〜〜」って叫んでくれてはりましたわ（笑）。

そんな感じの日常生活なので、必然的にご多忙になる。

結構、いや、めちゃくちゃ良い事しか起こらないです（笑）。

自分が自力で立ち上がれた今年の7月中旬以後、多くの人たちからの相談事受けていました。

メッセージアプリでも、多い日は朝から10人の人たちとのやり取り。精一杯の力を出し切り、やり切ったと思う。これ以上したらぶっ倒れると感じるまで、限界まで動きました!!

その状況を側で見ていた娘から叱られたけれど、やるべき事はたとえ他人さんであっても、自分の事のように必死のパッチで継続した。無我夢中。

事後報告、という事は、やり終えたという事やね（笑）。

その人たちの現在の状況報告。良い方向に進んで笑顔になった方、そのままの現状で苦しみ続けている方、わたしを切った方……という結果になりました。

今現在は、毎日サロンに訪れる方々や、道端で出逢った人それぞれに、必要だと感じた事を伝えると、皆、笑顔。そして、「ありがとう」。

終わり。

という事は、素直で正直なひとは得をするって事に1票やと思いますね。

その行動力が極端にデッカいわたしは、京都にいた時……。

ひとり親で預貯金もない、更にがんを患い闘病し、今後再発する可能性がある人が、サロンオープンなんてできるわけがない!! 誰に聞いても皆そう思う!! 無理難題!! 不可能!! ありえへん!!

その言葉に何度も殺されたわたし。悔しくて悔しくて、ほんまにムカついた。

あまりにも多くの人たちから言われたので、免疫がつき過ぎたので有難い!! 今は心から感謝してるよ（笑）。

当時のわたしはほんまに心底から腹が立ち、その足で、日帰りで何度も福岡県に新幹線に乗って……アレはどこやったのかな？ 思い出せないけれど、多分、国民金融公庫の貸付相談コーナーだったと思います……そこに行きました。

個別面談でした。あるがままの気持ちと状況を伝えたら、

「貴方の場合は、貸し付けは受けられますよ!!!!」と言われました。

預貯金もゼロなんですよ！ まだ手術して治療終わって1年しか経っていませんけど……。

「貴方は既にその活動もお仕事もしっかりとされているでしょう？ たとえまだ治療していたとしても、わたしたちは過去何千人も面接してきているので、その人を見れば、何もかもお見通しな

のですよ、嘘はつけないのですよ!!

障害のある貴方が自分のサロンをオープンして、他府県から困った人たちが福岡までご来店される事になれば、福岡県に貢献していると認められるのです!!

自信持って面接受けたら良いです!!　大丈夫！」

と背を押されました。


でも引っ越しして2年3ヶ月程は、低料金サロンでパートのオバチャン美容師として勤務の傍ら、子育てに励む事になった。僅かな預貯金を生活費に回しながら、極貧ながらも、お客さんから日用品などを安く買えるお店を教えてもらって、お仕事終わって立ち寄るのが日課となり、その時間がとても幸せで楽園だと喜んだ。

最後はパートのオバチャンやのに1店舗任されてしまった。社員のひとおるのに……。それを命じてくれたのは……この前2液貸してくれたMさんやった（2液は、サロンで利用するカラー剤のこと。1液と2液をまぜて使う）!!

「杉本さんは以前と変わらず17時半で帰宅しても大丈夫ですよ!!　残業しなくてもいいです!!　社員のひとがややこしい事していたら注意してください!!　杉本さんのやりたいようにサロン展開してもらっても構いませんよ」

との好条件を頂き、楽しめた最後の3ヶ月だった。

パートのオバチャン美容師やけど責任者、10畳程の小さなサロンでしたが、多い時間帯には近隣に暮らすお婆ちゃん達の憩いの場?・?　店内には自分と社員さんとお客さま8人。店内に入らないお婆ちゃん達は、お外のベンチで喋ってお待ちかねしてはる。

店内キュウキュウで、窒息したらあかんで!!（笑）、窓開けとこうね！って、楽しかったな。

その肩書きと2年3ヶ月勤務した事が、国民金融公庫の申し込みの時更にプラスになりました。

貸付申請するのに事業計画書めちゃくちゃ分厚いの書いたっていう同業者も多くおられました。ある人は落選したらしくもう一度トライしたとか。

わたしの場合は5行ほどで、しかも文字がはみ出していて、杉本さん、それ文字が大きすぎる、と注意されたほど。


貸し付けの条件は……

その都市でどのくらいの月日勤務したのか？　肩書きがあれば更にGOOD!!

過去どのように勤務してきたのか？

最後にお店をオープンしてからどうしていくのか？

それが立派な社会貢献に繋がるのか？

「……だから杉本さんは、福岡に引っ越ししてきて直ぐにお店出したかったと思うけれど、それは叶わなかった。だから低料金サロンでパート継続して、責任者になれた。

そこでようやく貸し付けの条件を十分満たせたって事になるんだよ。

この2年3ヶ月は、決して遠回りではなくて、必ず必要だった大切な時間だったんだよ!!　杉本さん本当によく頑張ったね」

と担当者に言っていただきました。

頭がスッキリお目覚めしてはる。外はえらい暴風のような……。ゆずちゃんとのトレッキングは、延期になる予感大やな。でもね、佐賀方面に行かないとあかんのです。

会いたい人いるからね。

先月出会って１時間ほど立ち話したお婆ちゃん。次来た時は一緒にご飯食べようねって約束交わしていたから。琴路神社の近くに住んでるお婆ちゃん。とても良い人やった。色んな経験されていてね。

これから土いじりしての農作を目指すわたしは、メモ帳片手に何か差し入れ買って、ゆずと行きますわね。七山よりも、何故か鹿島市あたりにご縁が深いような（笑）。

車屋さんには今日は行かへんよ‼と言いつつ近所やし、やっぱり寄ったろ（笑）。

あの坊やはまたお休み、に１票。

今日のブログのタイトル画像は、この前亜未ちゃんがわたしに作ってくれた豆乳坦々麺と蟹玉丼‼　めちゃくちゃ美味しくて……レシピ教えてな‼　亜未ちゃんお料理上手になりはった。

あんたは天才や‼

皆様、楽しい三連休も終わりましたね。

お疲れとれましたか（笑）？

今日から日常に戻りますが、日々を心から楽しんで、出会う人からの心ある助言には耳を傾けて行動に移せば、何かが変化するって事、頭の片隅に置いておいてもらえたら嬉しいなぁ。

◇涙が溢れた……

京都に暮らしていた時、わたしのホームページを製作してくださった先生に、再現美容師の活動を、2回ニュース番組に放映された動画を掲載してもらえないかとお願いしたら、即掲載していただけました。

再現美容師って何？って感じておられる方まだまだ多いかもしれませんね。

「はじめに」でも紹介させていただきましたが素直に文字に綴ると、障害を持つ患者様の容姿、元の姿を再び取り戻すという、人を救い、寄り添う心を大切にする、「美容師」ではなく、それが「再現美容師」です。

この動画の収録後に、患者様から

「杉本さん！　こうして髪の毛の事で困っている人が、普通の美容室に行く感覚の美容室作ればきっと多くの困った人たちが喜ばれると思うよ！」と言われました。

シングルマザーとなり、乳がん告知、手術、抗がん剤治療……。その時点で、20代の頃からの夢だった独立を白紙に戻しました。

運良く、美容師として再び立ち上がる事ができ、社会復帰と同時に巡り合わせが訪れたのは、へアエピテーゼ協会でした。美容を通じての社会貢献。

抗がん剤治療での副作用、髪の脱毛ヘア。エピテーゼ協会独自の医療ウィッグで、脱毛する前の元の姿を再現する事。その撮影後に、目の前の患者様からいただいた愛の言葉から、一旦白紙に戻した独立の夢が……


やっぱり……諦められへん!!!

そんなサロンをこの障害負った身体と右腕で必ずｏｐｅｎしたる!!!　死と直面して、どん底からここまで這い上がってきたんやし。

人生一度きり、ここで諦めたら、絶対将来後悔するはずや!!!

動いてやる!!!

やったろぉ!!!


これが、正しい「キャンサーギフト」やん!!!

わたしはめちゃくちゃついてる!!!

キャンサーギフトとは、『がんがくれた贈り物』という意味。キャンサーギフトをわたしに贈ってくれたのは、目の前に存在する、わたしが今しっかりと守らなければならない大切な患者様からだった。

人生とはほんまに何が起こるかわからない。

シングルマザーで、がん患者。なのに何故そんなにいつも笑顔で明るく元気なん？　わたしやったら、絶対に無理や!!!


何でって？？

だって今こうして生きてるやんか（笑）。右腕障害あってもこうして立派に動いてくれてるしな。だって、守るべきひとがおるやろ？？　大切な２人の子ども背負ってるからな。泣き言言って止まってられへんねん!!!

多分、あんたもわたしと同じようになったら、同じように暴れると思うよ（笑）。

オカンやったら、子どもおったら強くなれるやろ？

自分だけやったら、諦めてしまうかもしれへんけど、こうして生きるチャンス再びもらえたんやし、めちゃくちゃラッキーガールやと心から思ってるねん!!!

ほんまに感謝の日々やわ!!!　ほんまにありがとう!!


保育園の送迎時に、ママ友との懐かしい立ち話。その時から、ママ友や自身の顧客に定期的に、乳がんの検査や自宅でもセルフチェックする事を、よく伝えていました。

大切な自分を守るために必要な事を必須とする！　後々自分が後悔する事がないように。

この動画を数年ぶりに観たんです。母親の入居する施設に会いに行ったんですが、お昼寝をしてはったので、久々その寝顔を見ました。懐しくめっちゃ嬉しかったし愛おしかった。

動画を２つ観終わった時に……約22年間続いた母親との確執の事、そして和解……。お母さんは、がんを患った旦那さんと娘を側で見ていて、どんなに苦しんだんやろう。陰でたくさんの涙を流したはずや……。

今はアルツハイマー型認知症になってしまったけれど、辛くて苦しかった事全て忘れられているんやったら、この人もラッキーガールなんやろうなと、そう思うと、涙が溢れた。

54歳……来月でサロンopenして10年。自分にとって、大きな節目やと感じている。

第三の人生を笑顔で歩み続けたい!!

愛読してくださってる皆様、幸あれ!!

◇初めまして……なのに

初めまして!! なのに、意気投合!!!!

リアンへよーこそ。

昨日初めてご来店頂いたK様、K様が勤務される同じ職場の同僚K２様（同一人物ではないとの事でしたので区別できるよう2を追加しました）からのご紹介でした。ご紹介していただいて本当にありがとうございました。この場をお借りして、お礼申し上げます♥
ご紹介していただいたK２様、次回、更にバージョンアップしたヘッドスパを、この手でサプライズさせていただきますので、乞うご期待くださいませ!!!!
K様のご配慮から、ご来店数日前からメッセージアプリが繋がり、今の状況等カウンセリングをさせていただけていました。とても有難かったです!!

「初めまして」の、全く知らないサロンへの第一歩は、かなり勇気のいる事なので、事前に何回も文字でのやり取りを繰り返す事で、その緊張感も自然と逸れて、来店する事がドキドキ♥からワクワク♪へと、自然と変わっていきます。

K様の心の中♥もワクワク♪に変わっていくのが、文字の中で窺えたので、わたしもひと安心できていました。

ご来店時には、わたしに対しての距離感もほぼありませんでしたね（笑）。

初めましてが、初めましてではなくて、お久しぶりですやんか！　ほんまに、そんな感じでした（笑）。

更に、K様の少し患われている円形脱毛症の事を、このブログの中で記載しているとの事を事前にお知らせしていて、その文面内容把握されていたので、もっとホッとされていたに違いないと感じています。

特に、障害のある方の初ご来店の際は、カウンセリング時間がかなり必要になります。

問診、触診、言葉のキャッチボールの繰り返し……。まるでお医者さん!!

はい!!　髪の毛と頭皮のお医者さんです（笑）。美容師ａｎｄ再現美容師やけどね。

カウンセリング時に、何故円形脱毛症になったのか、心と身体は常々繋がっていますので大概その原因が判明します！

名探偵　◯ナン君のわたし（笑）。

ご本人も何があったかなぁ？？とアレコレ思い浮かべはること数十秒。

「あぁ！　もしかしたら……」ってほぼ、気づかれはります。

それから、その円形脱毛症が広がるか？　治るのか？　更にカウンセリング再びとなるのです！

プライベートなお話へとなるのでこのブログでは公表できませんが、Ｋ様は今後の生活の中でその行いを改めると、わたしに心から誓われたので、自然とその円形脱毛症は治っていくと思います!!

なので、春頃から服用されているお薬は潔く、サイナラ、サイナラ、ご苦労さん！　ありがとうございました。

でもまた何かしらのストレスが度重なると、円形脱毛症再びカモーンに……なられる体質かもしれません。それが自分の症状のバロメーターだと捉えたら、またご自身の力で治癒力♥発揮！生活リズムや行いを軌道修正すれば良いだけです。

わたしの場合は、体内で悪さが働き、がんを患いましたね。あぁ恐ろしい恐ろしい。美容師ａｎｄ再現美容師を歩み続けたこの数十年間を振り返ると、ストレスの蓄積から心身が変化してしまう身体の病気の種類は……

髪の毛に関する事…脱毛症、抜毛症
皮膚に関する事…アトピー性の皮膚炎の悪化　並びに皮膚の炎症
体内に関する事……あらゆる臓器における悪性がんや悪性腫瘍

髪の毛、頭皮、皮膚、内臓だけではなく、腸内環境の変化にも繋がります‼

『ストレス』という言葉も、負のエネルギーを身体に及ぼす悪い子なので要注意なのです！

初ご来店されたK様がご持参されていた、ネット購入品の部分ウィッグの2種類の方も、念のため使い方のアドバイスをさせていただきましたけど、結局は地毛の分け目を変えまして、円形脱毛症の部分を違和感なく隠す事ができました‼　なのでその部分ウィッグは今のところは不必要となりました！


ご苦労様です（笑）。

K様の最後のスタイリングをしている途中に、次のお客様が笑顔でご来店。

「まぁまぁまぁ、初めまして！　ゆずちゃん」

そして「あら‼　小鳥さん‼」。

「桜文鳥のまるちゃん、男の子ですよ！　宜しくお願いします。アニマルハウスへようこそ‼」

まるちゃんはわたしの頭の上が好きな場所のようで、時には頭の上に乗せながら必死のパッチの本気のカッター、になっております（笑）。


ヘアカラー塗布時は、お客様の頭上に乗ると危険なため、バードハウスへサヨウナラになります。

K様が笑顔でお帰りになりお見送りを済ませた時に、

「あの綺麗な方はいつ頃から来られてるの？？？」とお客様に質問されました。

「今日初めてご紹介でご来店されたんですよ‼」

「あらぁ〜、常連さんかと思ったわ（笑）」

「わたしは既に常連さんやと思ってましたわ（笑）」

とやり取り。とっても楽しいサロンワークでした。

♥ご来店頂いたお客様に心から大感謝♥

初めてご来店頂いたK様、本当にありがとうございました。次回は究極のヘッドスパの御来店を心待ちにしています。

◇記念すべき……お一人目

わたしが5年近く苦しみ抜いた、更年期障害による心の病を自力で克服してから、約１５０日。目まぐるしい多忙な時間だった。今現在も進行形ですが。

エピテーゼ医療ウィッグ製作のご依頼の連絡を頂いたのは、サロンのホームページをリニューアルして数日後、先月の25日でした。

お客様、M様に（この後にはMさん（様）として登場しているので、ここで明記）お電話でのカウンセリングをして、他社の医療ウィッグもお考えですか?と問いかけたところ、「全てをお任せしたいです」と即答されました。

既に、手術も済まされ抗がん剤治療1回目の投与も終了、２回目の投与は12月初旬で、その採血等は日程未定との事。

元の髪の毛の色、希望のヘアスタイルの長さ等、電話でのカウンセリングに入りました。

悩まれていたのは髪の毛の色でした。少し変えた方がいいのか、それともそのままの色にした方がいいのか……杉本さんはどう思われますか？

その問いかけに対して、
M様の目の瞳の色はどんな感じですか？　真っ黒なのか？　それとも少し茶色なのか？

一番にはご自身が馴染みのある色。時には気分を変えたいからと明るめの色のウィッグを注文される方もおられました。

「Mさんが最もしっくりと感じる色味、それが一番違和感なく安心感が得られると思いますよ！」

と言うと
「だったら、やっぱり真っ黒が一番しっくりいきます。今までずっとこの色で過ごしてきましたから……」

「わかりました！

その色のウィッグと長さのご希望は肩につくかつかないか？　あたりのボブスタイル……。では今から発注かけて、今後の流れや料金等、ショートメールへ送信しておきますのでご確認のほど、宜しくお願いしますね」

ウィッグ発注の際、ボブスタイル製作のため、表面の髪の毛に段差が入っていないもの、できるだけ毛量の多いものをお願いします、と記載。いつも気遣い配慮してくださる本部の◯子さんからその製作に適しているウィッグを即準備し、郵送してもらえるとの事。

そのウィッグがサロンに届き、シャンプートリートメント後、下準備できた時点で再度お電話をするという約束を交わしていました。

そして、製作前夜、お休みの日。朝は中央体育館でバウンドテニスガチ練習。来月の福岡選手権に向けて、ほぼ試合形式での取り組み!!

今月の大会に出場される他部の参加者の方、ボレーなしの試合も取り入れて miracle shot 多数。その時すっごい集中してるから、誰がサーブやった？？（笑）。記憶がぶっ飛ぶ（笑）。似たような年代ばかりだから、え？　ええ？　あぁ、って、ほんまに困るなぁ（笑）。

個々に強化したいテクニックありますからね、目上の方にちょっと強めに伝えたりしましたけども、コレを意識して継続されたら、同じミスはしなくなると感じたので……許してね！

克服されたら？？　わたしが今度追い詰められるんやろぉなぁ〜（笑）。伝えなかったら良かったのに！と思う人いるかもやけどね、追い詰められたらまた燃える人なので。無心にそのボール追いかけるから、また一段階レベル上がれるはずやから……。相乗効果!!!

できたら、１＋１＝３以上、を目指すところ!!!

参加者全員が上手くなる事を目指したいところ!!!

個々の得意テクニックを皆で学び得られたら、全国大会、福岡県……万歳にならへんやろかな？（笑）。

バウンドテニス練習前夜はそんな意味のわからない妄想して、知らぬ間に眠ってる（笑）。

そして、エピテーゼ医療ウィッグをいつも笑顔で優しく届けてくれる、急便の少し年配女性の配達員の方へ、あめちゃんどーぞ、寒い中ご苦労様です。

シャンプーａｎｄトリートメントしてウィッグスタンドでウィッグを自然乾燥し、翌日の夕方から下準備開始!!

フロントの分け目部分はノンアイロンにしておき、当日ご希望の分け目を決断しよう!!


そしてM様へお電話。

「準備完了しました!!　後は、M様の体調次第で予約日程決めましょう!!」

できるだけ早目に、2回目の投与前に、脱毛する前に製作したいとの事で、翌日の14時から製作予約となりました。

トントン拍子に決まる時は、何もかもがスムーズになるから、その波に乗るだけ!!


下準備したエピテーゼ医療ウィッグさん。1番目は黒目の色、この色味のボブスタイルは何度か製作した事があるけれど、ほんまに綺麗!!

ボブって一番簡単なスタイルって、スタイリスト上がりたて時代に思ってたけれど、それは大間違いって事を今めちゃくちゃ感じているわたし。ボブスタイルってめちゃくちゃ奥が深過ぎる……。

多彩な技術使えれば使うほどに、色んな髪の毛の表情を窺える。手を入れた時、風になびいた後の毛流れ、動きにくいボブスタイルを如何に動きのある質感に仕上げていくのか、その方に似合う長さの設定……。

コレを鏡を見ながら決めていくのは、めちゃくちゃ集中力が必要になる。コレが本当に命懸け。

ボブスタイルって、可愛い系、綺麗系、個性派系、前下がり、前上がり、後ろ下がり……頭で考えてるともう、珍紛漢紛になってしまうからやめておこう（笑）。

ご来店前、自宅でのシャンプー時に一気に脱毛が襲いかかったとの事。家中髪の毛だらけになるとストレスになるから、産毛で使いたい部分のみ残して……。

後はご苦労様でした。今まで支えてくれてありがとうございました。

抗がん剤投与後の髪の毛は、髪の毛本来の自然な艶も失ってしまいます!! そして、そして毛根が閉じてしまい、髪の毛がパラパラと。根本の支えが無くなるからね。引っ張らなくてもスルスル、髪の毛が落ちていく……。副作用の、脱毛。

悲しいと思うのか？ それとも
「おぉぉ、薬が全身に巡り回った素晴らしい証!! がんを叩けたぞ!!」と喜べるのか？

わたしもM様も、もちろん、後者。

心からがんと闘うぞ!! 負けへんぞ!!って心に誓っているから、治療後の楽しむ事を既に考えて喜んではりましたし、わたしも同じ人種（笑）。

病は気から。もーあかんわぁではなく、命拾いできた!! ラッキー!!! と。

この時点で、体内の細胞は両者全くの正反対になる!!

負を呼ぶのも呼ばないのも？ 他人ではなく自分の心次第♥ 人のせいにしない事。したところで、何も始まらない。そこでグルグル洗濯機のようにずっと生涯回り続けたい人はそのままグルグル……目が回る。

それとも、そのグルグル洗濯機中から飛び出して、お外の太陽の眩しさに拝みながら目を瞑り、気持ち良～く日光浴からの、行動開始!!

コレも、自分で選択する２択。生きている間に、何度も何度も何度も訪れる、その際どい２択、選択するそれぞれの「我が人生」。

後悔ない選択を是非してもらいたい!!

2回目の投与には帽子をと考えていたけれど、ずーーーーっとこの子と共に歩む!!!!と言われましたが、寝る時と入浴と機械を使っての検査の時だけはやめてね!!と、伝えました。

「期待そして、想像していた以上に、遥かに超える、クオリティ高過ぎる！　リアルなわたしだけのスタイル、作れるのですね!!!!」

「なんか知らんけど、作れたみたいですね（笑笑）」


カウンセリングはお電話だけでした。初めましてからの、即製作。

合格貰えました。

「本当に嬉しい!!!!　ずっとこれを被っていたい!!!!　地毛でもこんな風に仕上がった事がなかったから……。本当に嬉しいです!!　杉本さん!!　本当にありがとう。

早く主人に見せたいです!!!!」

M様……旦那様の事が大好き過ぎるらしいです♥
素晴らしいご夫婦愛に心から乾杯。

◇弓道前に……

先日の弓道前に、サロンワーク最後のお客様をお見送りする直前、体調芳しくないお客様の姿が。

店内にいたゆずちゃん、そのお客様の足元に近寄ると、

「ゆず……ちゃん……お仕事帰りに、鍼灸行ったんやね。ふたり待ち合いにおられたから、もう待

てないなって。サロンの灯りついてたから……すみません」

「そうやったんやね、立ち寄ってくれたんやね、ありがとう。身体しんどい⁉」

「めちゃくちゃきついです」

「こっちの椅子に座って、もう少しだけ待っててくれるかな」

「本当にすみません」

先のお客様をお見送りして、「あったかい紅茶入れるね、どーぞ。まぁゆっくり飲んでよ！」

「ありがとうございます」

「どこが一番しんどいの？？」

「頭痛が酷くて寝不足で、仕事も忙しいし。前にものすごく励ましてもらってたのに、ごめんなさい。言われた事は、正当だと思います……。けれど、中々そのような気持ちになれなくて……。そう考えるともう頭の中がいっぱいになるから。素直になれればいいのでしょうけど、長年、自分の考え方の癖、直す事は中々できなくて……」

「わかったわかった、もーえーよ。何も言わずに、身体の力抜いてみ！」

レンジであっためる温熱ピローをレンジから取り出して、心身弱り果ててるお客様の首あたりへ。こめかみあたりをゆっくりとマッサージする。こめかみがパンパンに、カチカチになっている。

「これは辛かったね」

目を瞑ってる、目の前の大切なお客様。首、肩、背中をマッサージしてたら……

「すみません、ほんとうにありがとうございました。迷惑かけました。帰りますね」

「お家まで送迎しようか？」

「遠くなるからいいですよ、車酔いもするから。いいです。大丈夫です」

吠えるゆずちゃんのリードを持ち見送りましたが、帰られた後、ひとり、考えていた。

わたしが伝えていた事は、救うどころか、苦しめてしまったんかな。考え方、捉え方がわたしとは正反対だったから……。

なんか知らんけど……涙が出てきて、目の前のゆずちゃんに手を伸ばして、

「ゆっちゃん、お母さん、何やってんねんろな。美容師だけやのに」

過去、娘が抜毛症で、カウンセリングに来てもらいたいと、ご主人様からのご依頼で自宅に伺いました。奥様は入院中で、依頼くださったご主人様から、奥様との現状経緯を伝えてもらった時に、娘さんが犠牲になっていたんだなと感じました。

家庭内の問題。

その話をご主人様の一方的な話を聞いて、まだ幼い娘さんにわたしはどのように伝え接するべきなのか悩みましたけど、幼い娘さんはものすごく苛々していて、色んな事がごちゃごちゃになったんでしょう。しかも目の前には見た事ない女の人……。

帰れ‼とキックされましたけど、その時のわたしは、何も言えずに帰りました。

その時の事を思い出しました。今やったら、そのキックした足を押さえ込んで、反撃の愛を捧げてるやろうなぁ……とニヤけた（笑）。

あの子、もううちの亜未ちゃんと同じくらいになってはるやろうなぁ。出張帰りの車運転しながら涙流して、早くお家におるわが子の顔を見たかった。

こんな無駄な時間あったら自分の子と遊ぶわ……。何しに福岡に来たんやろ。もー嫌、ウィッグ製作どころか、カウンセリングばかりや……」

そんな事考えてましたね。

でも、継続していたから、笑顔、たくさんサプライズ貰えたし、これで良かった。弓道行こ!!又遅刻やけど。ゆっちゃん少しだけ待っててな。

その日の弓道は、全く身体が力まず、弓を引く時にものすごく軽く感じたのに、矢の射った後の巻藁の音がバシーーンって、すごくて。

後で弓を立てて左手で持ち、巻藁（2メートルくらいのところに置く藁を束にした稽古用具）に刺さっている矢を根本から拳で一握りして抜いて、もう一握り、抜き……。最近は3回抜くという事は、深さ35センチから40センチ、巻藁に突き刺さってるとなると、的までの28メートル……到達できてる距離なんやろかなぁ。

指導者の先生も、「それでいいです！　身体で覚えていきましょう」と同じ事を繰り返して……。無になれる事は、やはり今のわたしには必要なんだ、と確信したお稽古だった。

その後に、色んな珍事件に巻き込まれるやなんてひとつも考えてなかったのに（笑）。

それも、必然。色んな事を色んな場面で楽しまんと損するな。

◇再現美容師……部分ウィッグ編

まるちゃんとゆずちゃんとわたし。ゆずちゃんは、まるちゃんの事は怖いようです!!　この子たち、性格全く正反対!!

お待たせしました、パチパチ。

振り返る、12月3日のこと。

朝イチのサロンワーク、部分ウィッグ必要の大切なお客様Yちゃん。この子が学生の頃このおトイレにお飾りさせてもらってる、挿し絵、プレゼントしてくれました。

「いつまで貼っとくと？？　もーいいのと違う？」

「あかん!!　挿し絵は店宝やから、お店を辞めるまで貼り続けるねん」

Yちゃんの選曲の人、HK様。天国におられるママの好きだったアーティスト。

ママは2年前の夏に天国へ旅立たれました。この子が中学生の頃、くも膜下出血で倒れ緊急運搬後、一命は救われましたが寝たきりになられました。

お見舞いに初めて訪れた時も、お話はできないけれど、きっとわたしの事はわかってくれてはったと思います。

亡くなられた報告の時、ママの写真と大切にしている家族のキーホルダー見せてもらってね。ママはわたしと同じシングルマザーで、懸命にお仕事と育児、水泳の大会には全て参加してビデオ撮影してくれたって聞いていましたから……。

色んな話を聞いていたから、ママ様、ご苦労様でした。この子はこんなに立派に心身成長されて、お爺ちゃんお婆ちゃんの介護しながらお仕事継続。本当に素晴らしい女性になられました!!!!　今後も微力ながら、心から全力で支えていきます!!

だから、既に昔から身内の人です（笑）。

部分ウィッグ、装着はやってね!!　バッチリなところで決まったら教えて！　スタートするから。

作業開始。ストレートのミニコテ様のみで仕上げていきました!!　カール、ハンカール、数ミリ単位で、指で毛束とってね、鏡見ながら確認してね。

普段ストレートだから、もりもりのカールをつけたら違和感あって嫌がるかなぁと、その心の中……早読み。

ちょっとだけ、ワックス拝借！　フェースラインの毛束は、ボリューム控えたいから、ピンで固定して大人しくしてもらおうね！　どーでしょーか⁉

前髪は密かに毛先、コテ様で、一瞬だけね！　部分ウィッグって絶対にバレないように‼　髪の毛一本一本見ながら。頭皮見ながら、命懸けの、頑張り過ぎないナチュラルなおセットご希望‼

「ゆずぅ〜〜〜っ」

ＨＫ様の癒し系のお声に魅了されながら口ずさみ、施術タイム15分。

だから、あったかい飲み物飲めたのにぃ。時間かかるのとちがうとぉ？って言ってたけど、わたしは数分でできるとイメトレしてるから（笑）。

心配性なんやね、真面目な子。そして、スリーショット。カシャ！

ゆずちゃん‼　どこ見てんねん、ほんまに、音楽の影響力ってあると思いませんか⁉

この前の医療ウィッグ製作時は、お客様が以前バンドされていた方で、ハードロック調の選曲だったので、ウィッグを縫ってる時、手こずりました（笑）。ハード過ぎたので、選曲が……。今からウィッグカット本気でしていくけれど、このハードロックな曲を耳にしながら、目の前のウィッグカットに全神経全集中せなあかん‼　試練や‼

過去……再現美容師駆け出しの、出張してた頃、患者さんのお母様が極限の潔癖症で、室内でのカットはご法度‼との事でした。

患者様は体調優れないのにお母様にものすごく気を遣われて、とても可哀想だった。心で泣きながら、玄関先で準備開始。

半畳くらいの玄関先で、出張した時命懸けのウィッグ製作でした。この狭さに椅子を置いたので鏡は置けなくて、鏡を見ながら確認できひんって……。キツイ試練がやって来たなぁ。

心の中で呟いた。やれる!! やったる!! 自分は絶対にできる!! 心から強く念じました。２人揃ったら、ほんまに身動きとれない。でもやらないとあかん!!

背中に変な汗がタラリ。患者さんも抗がん剤治療中で、早く仕上がって身体を寝かしたいはず!! ぐずぐずしてたらあかん!!!!

わたしがやらかしてしまったら、目の前の大切な患者さんが悪者になってしまうから。身動きとりにくいこの狭い空間でも、絶対に何が何でも、患者さんの分身を作りあげたる!!!!


過去を振り返ると、色んな試練乗り越えてきたなぁ……。ほんまに命懸けやわ。

苦難な経験ほど、心身逞しく成長させてくれる宝物となる。

この人のためだけに、ただ、それだけの気持ちひとつ。

再現美容師としてのお仕事は、学び得る事、無限大。

心、強く、逞しく。

そして……笑顔やね。

第２章
自身の背景

自分らしく自由に生きる
Happy load

◇天運なのか

天運。天から授かった運命。この世に誕生した時から、8ヶ月の早産。仮死状態から始まり、未熟児、1550グラム。

小学生の頃は、顔面の怪我が絶えず、血みどろ。自宅安静で済む。一度だけ3針縫う。

中学時代、捻挫は頻繁に。不慮のアクシデントから尾骶骨にヒビが入る。その時期和式トイレだったため、激痛で苦しんだ。

高校中退するキッカケとなった理由は、風邪を拗らせて救急車で運搬からの入院10日間。

この時から、こたつの中ではうたた寝しないと看護師さんと約束。未だ守っている。

学斗が授かって安定期時期に、住まいの階段から足を踏み外して落下。救急車で運搬、入院は無し。

出産間近に車で信号待ちしていたら、白色の大きな車が反対車線のZ（フェアレディZ）、紫色の車に激突し、Zがスローモーションで目の前に。激突されるも愛車のみプチ傷。亜未ちゃん逆子で元に戻らず帝王切開で出産。

買い物先の駐車場で、両者の不注意から接触事故。その相手の女性から、お前こっち来い‼と罵声。この人普通の人やないなと直感。車を少し離れた別の場所に停車し、相手の車の前に自ら歩行移動。警察を呼ぶと伝えると逆ギレされ、胸ぐら掴まれ、右胸のしこりがあった部分を殴られるが、それだけか？　全然痛ないわ!!　かかってこいや!!と反撃したら、お前はどこの組や!?　と聞かれ、普通の一般人じゃ!!　ボケ!!と返答。

何度殴っても警察に電話する、ここで示談は死んでもしない!!　電話番号も教えへんぞ!!　と粘り勝ち。その隙に、一瞬この車のナンバープレート写メ撮って警察に通報したろかなと考えてると、相手車急発進して猛スピードで逃走。

一瞬引かれるかと、ワロタわ（笑）。相手の車は凹んでいたけどわたしの車は何故だか無傷。逆ギレした相手は携帯電話も放り投げて壊してた。勿体無い。無免許運転と逮捕に繋がるモノを所持していたため、警察呼ぼうとしていたわたしを引き止めたらしいと、後々知った。組の嫁はんやったらしい。

風の噂で、恐ろしい女にやられた!!!　と旦那さんが知り合いの知り合いから聞いたらしく、その恐ろしい女ってウチの嫁さんや!!!

……暴露昔話。

そして離婚。シングルマザーになった矢先に、右胸にしこりを発見。良性嚢胞だった。

乳がん告知前に体調不良で2ヶ月苦しみ、乳がん告知～タチの悪いタイプの、トリプルネガティブ……。

進行していたため、美容師にとって一番苦しんだのが、右腕リンパ節17本摘出……。その後、抗がん剤治療の副作用で苦しみ緊急入院、面会謝絶。

この時一番ゆっくりでき、長年確執あった母親と向き合え和解。

娘が反抗期の時期には逆ギレされ、腹が立ってガラス戸を右足でキックして自滅、20針縫う大怪我、救急車で運搬され休職。2週間後徐々に復帰。

年末ギリギリでもう直ぐ年越しや、と張り切り、ゆずとはしゃいでジャンプして、着地時下に敷いていた毛布で滑り、グキグキッと生々しい音。片足が床につかないほどの捻挫。学斗から、自力で車で行きますか？　救急車呼びますか？と聞かれ、救急車を選択!!

入院なし、大晦日は片足でカット。元旦の着付けの出張も片足で着付け。

最後の痛手は……。

更年期障害からの気落ち不安感等の心の病。5年近く石になる。その長い期間中、子育て継続、仕事継続。

認知症になってしまった母親が、福岡能古島の施設に入居。

余命宣告されている父猛さんを急遽福岡へ迎え、7ヶ月間共に楽しく過ごし、学斗と共に、猛さんが微笑みながら旅立つ瞬間を見届ける。

その後色んな手続きが終了し、一気に気持ちが堕ち、この時期が一番辛く苦しく孤独になった。消えたい。でも自ら命を断つ事はできなかった。

なので、現実逃避からゲーム依存症5ヶ月経験する。

6月23日、3丁目から1丁目に引っ越しする。7月中旬から……自然と元の元気だった自分を取り戻し、ブログを再開。鍼灸に久々行き、その時に更年期障害からの心の病で自殺する女性が多いと知り衝撃を受ける。

その後、自身が経験した更年期障害の身体の変化をメモに書き出し、ブログに綴り終えた瞬間に、上から、書籍化……、という文字が降りてきた。

書籍化……。

自分が経験した事を文字に、自分と同じように苦しむ同じ世代の女性に伝えたい。そして背を押すことができるのなら？

その方々が再び立ち上がり歩むことができるのなら。

……過去の自分が救われる。わたしとその方々が共に笑顔になれるのなら、最高の幸せ到来!!!

その書籍化の夢を抱きつつ、どうすればいいのかとアンテナを張り続けた結果……。９月25日お誕生日、翌朝早朝の26日、小旅行車中泊した佐賀県のパーキングエリアから、ある出版社の資料請求にメール送信。

自分のブログを近い未来に書籍化したいため、資料請求しました。

『福岡県医療ウィッグを作る再現美容師 chika ブログ』と記載した。

早朝5時半に、佐賀県のパーキングエリアを出発し飯盛神社に参拝お散歩……そして帰宅。

10時半位に見たことない電話番号から着信音。出版社らしき女性の方からのお電話だった。半分寝ぼけながらのメール送信だったため、

「メール拝見し杉本様のブログを拝見させていただき、お電話させてもらいました」

えぇ？？？　メール……メール？

あぁ!!　書籍化の資料請求!!!　しましたわ（笑）、思い出しました!!

「その事で少しお話を伺いたいのですが、今日お時間あられますか?」

午後2時から電話で話す約束を交わし、顧客を鍼灸院に同行し、わたしも施術してもらった時に、その出版社の事を本好きの先生に尋ねてみたら……。

驚かれた。

「杉本さん、幻冬舎ルネッサンスって、幻冬舎グループだよ!!　知らないの???」

知りません（笑）。

「それ騙されてるよ!!」

騙しますか???（笑）。午後からお電話で話し合いますから又報告しますね。


午後からの話し合いの後日、9月28日に契約を済ませ、今に至ります。

10月中旬から、執筆活動開始。予定では、来年の9月25日、わたしの誕生した日が発売日となりました!!!

電子書籍発売日は、翌月10月25日になる予定です。

体調不良で、自宅から出られない方はお家で購入できますね!!

便利な世の中に感謝です!!

コロナ禍以後は、電子書籍が爆発的に売れているらしいです!!

ネットでお買い物!!

配達のお兄さんたち、お昼ご飯食べれないって言ってたな。お休みもないって。身体壊すよ。そんな日々頑張る配達員の方々がスムーズに働ける環境作りは、わたしたちも工夫すれば提供していけますね。

置き配にわたしはしています。何度も行ったり来たりさせるのって、ある意味イジメ（笑）。早くわたしも品物を手にして興奮したいからね！　一石二鳥やんか（笑）。


書籍化の夢、果たせられる!!!


文字を書く事は小学生の頃から好きで、お友達との交換日記や、岐阜県の女の子のお友達との文通を長年継続し、闘病当時初めてお会いできましたから……

本業は……美容師と再現美容師、の傍ら、作家活動。

この形がとても心地良いと実感している今日この頃。久々帰省した学斗の帰りをうたた寝から迎え。王子様がゆずと共に眠っている。

とても幸せな瞬間。心から感謝しかない。


最後まで長文読んでくださった皆様、本当にありがとうございます。

心に響く、そして心に残る一冊を、わたしと幻冬舎ルネッサンスのチーム一丸となり、作り上げていきますので、応援お願い致します。

美容師＆再現美容師＋作家　杉本千加

◇子育てを振り返る

子育てを振り返る。

シングルマザーになったのは、忘れもしない35歳、ということは、来年の11月22日で20年!!

離婚届を提出した日、11月22日……いい夫婦の日。


元旦那さんの親友夫妻に、結婚式の時立会人をお願いしたんです。離婚届提出の時も。

お世話になった時、いい夫婦の日に離婚届提出ってあんたららしいわと、大笑いしてくれたな（笑）。

その大笑いしてくれたNちゃんとは、今でも何でもかんでも話せる（笑）。


25歳の時、そのNちゃんとの初めましては、元旦那さんの同級生達とのバーベキューでした。

初めましして、やのに意気投合!!!!　この3カップル＋独身男ひとり、7人で時おり集合して遊びましたが、美容師のわたしは、普段なら彼らとお休みが合わないため、きっとこのバーベキューの日は、祝日の月曜日やったんやろなぁ。

結婚前からNちゃんは、わたしの勤務するサロンに通ってくれた。退職直前までコンクールのモデルにもなってもらったし、今でも美貌は変わらない!!

離婚するかどうか悩んでいた時も、元旦那さんの同級生やのに、わたしの話を真剣に聞いて考えてくれた親友であり、ママ友のひとり。心強かった。亡き父親も当時、Nちゃんの旦那さんが焼き鳥屋さんしてて、お仕事帰りに後輩連れて食べに行っていた。そのお目当ては、Nちゃんの笑顔見る事!!

あの子はいつもいい笑顔で迎えてくれて、ほんまにええ子と出逢えたなぁ。○○君には申し訳ないけど、この子と出逢わせてくれただけ感謝するわ（笑）。

離婚すると実家に帰って伝えた時、亡き父親は、

「ようやった!! それで良かった!! おめでとう!!!! ほんまによく決断してくれた!!!!

これでやっと……お前らしく自由に生きられる（笑）!!!!」

目が点になったわたしだった。

子どもが、ややバブーやった頃。わたしがお仕事行ってる休日にこっそり、わたしのお家に差し入れ持ってちょこちょこ通っていたみたいで、○○君とややバブー達の関わり方を、黙って見ていたようです。

「お前と○○ちゃんの性格は全く正反対。結婚してうまく行くはずないと最初からわかっていたよ!! 7年もよく続いた事にビックリしてる（笑）」

って話してくれた父親の猛さん。

仕事に対しての話も、時たま実家に行った時、父親猛は、元旦那さんによく問いかけていたな。

シングルマザーになったわたしに対して、亡き父親猛は、

「細かい事一々言ってやったら絶対にあかん!!!! しょーもない事で一々怒ってやったらあか

ん‼‼　気の小さな子、萎縮した子になってしまうから。お前のように……。自由に大らかな気持ちで一緒に楽しんで過ごしていけばいい‼‼

頼むから、しょーもない事で怒らんといてあげてほしい‼　わかったな‼　頼むぞ‼‼」

「わかった。しょーもない事で一々アホみたいに怒らへんわ（笑）」

シングルマザーになった時からの、わたしの掟。

しょーもない事で一々アホみたいに怒らへん事。

細々した事しつこく言わない事。

個性を見抜いて、自由に羽ばたかせる事。

人に迷惑をかけない事。

挨拶はこっちからする事。

お礼の言葉は必ずして、次会った時も、ありがとうございましたと伝える。

……コレは母親多江子さんの掟やった。

やりたい事はとことんやり切る事。

困ってる人がいたら愛の手を差し伸べる事。

なので。

門限時間、学校の成績等は、何も言わなかった（笑）。

子どもたちが保育園児と小学生の頃、わたしはがん闘病していました。学斗は保育園の年長さんだったけれど、お母さんお家におるんやったら保育園には行かない‼って言ったので保育園の担任の先生に伝えたら、「保育園には、学斗君が来たいなと思った時だけ来てくれたらいいですよ」と言ってもらえたので、学斗はとても嬉しそうだった。

卒園式に贈呈される卒園アルバムには、その1年間はわたしとつるんでいたため、載っていない事が。保育園側から申し訳なかったと謝られましたが、それは学斗が一番望んだ1年間やったから、謝らないでくださいと伝えました。

子どもの気持ちを第一に尊重したいわたしやったから、後悔なしです!!

その頃はお家から病院に通いながらの抗がん剤治療やったので、体調良い時は子どもたちと、近所のちびっ子たちと共に、団地内の公園でサッカーしたり、花火大会開催したり。

近所の噴水公園で鳩さんに食パンあげてたら、素早い子とノロマな子がいて、それ見てめっちゃウケた。ほんまに自分が子どもになった感覚で共に暴れた（笑）。

闘病当時には、色んな宗教団体様からの勧誘や、健康食品やサプリメントの勧誘の電話が頻繁にあって、それを避けるために学斗と逃走。帰宅してから、亜末ちゃんたち、学斗たちのお友達と戯れた。

この子たちに、心も身体も救われた。大人の腹黒い考えや自分たちの利益だけのために、障害を負ってる弱い人間に優しく接する、偽善者たちの心の中は既にお見通しだった（笑）。

ある時は、宗教団体様が2組ブッキング!!　お互い言い合いになられて、そのみっともない姿見てる第三者のわたし。まぁまぁそんなに揉めないで揉めないで!!

わたしは無宗教主義なので、御先祖供養と神社の参拝は喜んでさせてもらいますので、そのところ宜しくお願いします。

健康食品andサプリメントの勧誘に対しては、そんなにその商品がわたしに必要なら、ただでくれはりますか？　ただでちょうだい、笑って伝えたら無言だった（笑）。

なので、今現在厳しい闘病されている方々に対してお伝えしたい事は……

「色んな方々からの心ない勧誘は、ハッキリとお断りくださいッ!!」

余談が長過ぎましたが。すみません。

だから、ほんまに特に亜未ちゃんの同級生の子たちは、ヤンチャでヤンチャで、「コラーーーー!!!!」って叫びながら本気で追いかけた。

近所のママ友から、「真っ赤なジャージで走っとる(笑)、ちかちゃーん!!　あんたはヤンクミやんか!!!!」

ウケるわぁ(笑)。

ヤンクミとは、当時の人気ドラマの主人公(女優NYさん演じる)で高校の先生。そういえば、ジャージ来て走ってはった(笑)。

そして最後には熱く語るやつ。そのままやんか(笑)。

夢中にお友達と遊んでると、時間を忘れるやないですか。亜未ちゃんの同級生の女の子が突然大泣きしはって……。

「何で泣いてるん?　えぇ??　何??　何があった????」

と尋ねると、もうこんな時間になってる。大泣き継続、からの、泣き叫びながら自宅に逃走。その隼《はやぶさ》のような瞬足に、目が点になった(笑)。

「亜未ちゃん、あの子何であんなに大泣きしはったん??」

「門限時間に間に合わなかったら、めっちゃ怒られはるねん!!　この前ビンタされたはったの見たもん!!」

「えぇ~~!!!!　あんたそれ目の前で見たん??」

「見たよ!!　めっちゃ怖かった!!!!」

「ほんまか!!!! そりゃ大泣きするわな!! 今日もビンタされたはるんやろかな？？ ビンタやろ!! ひゃ〜〜可哀想やぁ」

「お母さん!!!! それ普通なんやで!!!! 門限あるのは!! 普通なんや!! うちがおかしいねんで!!!!」

「ええ？？ うちがおかしい？ 何がおかしいやろな？？」

「門限がないって事や!!!!」

「お腹空いたら帰ってくるやんか!! 夜になったら絶対お家帰ってくるやろ？？ それでええんとちゃうのか？？」

「そりゃそうやけど……」

「それでええやんか!!!! 帰ってくるんやし、一々門限って何やねん」

というエピソード残ってます。

今でもずっと門限がないお家です。


お勉強に関しても、成績がどうなのかも、そんな事は本人が理解していたらええ事で、わたしが一々とやかく言う事ではあらへんと思っていた。

というか今も（笑）。

一流の学校や一流の会社に行きたいと思っているのやったら、自分で決めてやったらええよ!!

心身だけは崩さない事!! 無理しないように!!

以上、って感じで伝えてました。

だから、興味がないor無関心って事ではなくて、自分の事は自分で決めて自分で行動したらええよ!!
＋
その時に必要な時や事は、お母さんに伝えてや!! その時は絶対に力になるからな!!
と言いましたし、今でもです。

それがいいのか？ 悪いのか？

常識内なのか？ 外れてるのか？

白か黒か？

一々どうでもいい話です。

各家庭において価値観が違うので、その枠の範囲は様々やから。接客をマニュアル化できないのと同じ感覚です!!

なので、亜未ちゃんと学斗が家庭を持って、お父さんお母さんになった時、自分たちが経験してきた事が嫌だったらしないやろうし、良かった事は真似をするやろうし。

その子育てにおいては一々口出しするのはおかしいなと、思うから。

え?と感じても、一瞬は耐えますが、そのお孫ちゃんがおかしな事になっていきそうな予感がしたら、軽く助言はしたいなとは思ってます。

多分、近い未来には、キチンと家庭を作るようやから、どんな風に夫婦愛を楽しみ育み築き上げていかれるのか？

……どんな風に子育てを楽しみ、子どもと一緒に育っていくのか？ とっても楽しみです。

夫婦が仲良く笑顔で、大変な時は協力し合って、色んな山を谷を越えて支え合う……。子どもが誕生したら、生活環境が一からのスタートになるからね。

わたしが一緒に暮らす子育ては終わってしまったけれど、生涯子どもが存在するなら、あの世に旅立つまで、子育て継続‼

困った時は手助けできるように、心身健康なお婆ちゃん目指さないとあかんなと肝に胆に銘じて、心身共に鍛えております（笑）。

お習字とハーモニカにも出会うきっかけが到来しましたので、更に拍車がかかった強行スケジュールになりそうですが……。

自分は、直感を大切にして自由に羽ばたく方が良いようです。

◇言葉について

言葉という意味。感情や思想を伝える表現法。文字でも同じように……。

言葉は、時として人を救う事もあれば、その反対に、人を傷つける凶器となることもありますよね。

だからこそ、相手の立場になって先ずは考えて、一呼吸置いてから言葉を組み立てて、発言したり、文字を書いたら……きっと良い方向へ繋がり、凶器とならずに済むのではないかなぁと思う今日この頃のわたしです。

暗黒時代を卒業してからテレビを観なくなりました。お客さん商売なのにテレビ番組を観ないなんてあかんな、と反省はしているんですが、ニュース番組を観ていても、様々な事件が起こっていて、しんどくなる時があるんですよね。

ハッピーになれるような放送もたくさんあるんでしょうけど……。

わたしは、相手の立場になって先ずは考えてから話すタイプ。なんですけど、信頼関係が築けていたとしても、やっぱり相手の立場になって、考えて話してる事が多いと思います。ですが、もしかしたら傷つけてしまってるかもしれないし、気をつけないとあかんなとこの年齢になっても未だ考えます。

この人懐っこいキャラだけに、何でも言われやすいタイプですね（笑）。

そして少し普通の人と感覚がズレているのか、否定される事が昔からよくありました。

特に福岡に行くと決めた時は、誰一人行った方がいいよ!!って即答してくれた人はいませんでした。

きっと皆、心配してくれる気持ちが強くて、無責任な事を言えなかったのかもしれませんね。

わたしの感覚だったら、そこまで考えて決めたのやったら、絶対行った方がいいと思うよ!!行って後悔するよりも、行かないで後悔する方が2倍悔しいと思うから。人生は一度きり、自分の決めた事なら、挑戦した方がきっといい方向に行くはずよ!!って……。

わが子がわたしと同じようになってしまった場合も、いきなり否定から入らずに、相手の立場を先ずは尊重してから、相手の必要な言葉や文字を選択したいです。

それは、相手が人間で無くても同じですよ。

ゆずちゃんとまるちゃんにも、そしてお店にいる植物たちにも……。みんな立派に生きていますから。

言葉がわからなくても文字が読めなくても、感じる心はキチンと備わっていますから。

こんなエピソードがあったので書き込みますね。


ある国で大きな大きな木があり、まだ成長していました。

人々は、この大きな木を大切に思わずに、これ以上大きくなったらどうなるんだ？

困るね!!


大き過ぎるとノコギリでは切れなくなるわね。

大きな大きな木は、人々の話す言葉をものすごく敏感に感じていました。


結局どうなったと思いますか？

人々の手によって処分されたと思うでしょう？

違いますよ……。

自ら枯れてしまったのです。


その事を話したお客さんも同じ経験をしたと、本当に申し訳なかったと反省してはりました。

今も存在してるのかわかりませんけど……。

京都にいた時、最後のサロンには、ハイビスカスの鉢植えがありました。

わたしは、毎朝、おはよう!!って声をかけていて、ハイビスカスの綺麗な花が咲くと、枝を触って綺麗やわぁって言ってました。

乳がん手術、闘病で8ヶ月休職していた時は、一度も綺麗な花が咲かなかったと、スタッフの後輩から聞きました。

復帰した時に、2階の部屋に移動していたハイビスカスの鉢植えさんに、「ここにいたんか!!」と枝を撫でました。前よりも枝が細くなっていて可哀想やな、と撫でました。

そしたら、数ヶ月後に綺麗なハイビスカスのお花が咲いてくれました。大きな大きな木と同じですね。

植物でさえこんな風に変化を表現してくれるのです。

人間ならどうでしょう。罪を犯した人は、過酷な家庭環境で育った人が大半ですね。

でも、虐待されて育った人は我が子を虐待してしまう確率が高いと言われていますが、虐待した親の事を庇う事が多いと知って、その心理はどういう事なんかなぁと、先日亜未ちゃんと話していました。

それは、マインドコントールされてるからやないかなぁと、話は途切れました。


今から7年前くらいに、外食したお店の隣の席に居たお母さんと娘さん。まだ小学校低学年くらいの可愛らしい女の子。

楽しい外食のはずが、ものすごく叱られていて、可哀想で可哀想で……。その子はずっと下を向いていて、お母さんの顔は見れない状態でした。

しつこく何度も同じ事を言われて、お小遣いとりあげるわよ!! 更には、貯金から罰金貰うわよ!!って……。

低学年やのに、そこまで大事件起こす年齢でもないのに。

わたしたちの食べるパフェをその子は横目で見てはりました。

だって、そのお店屋さんの売りがミニパフェだからですよ。その親子さんはサラダドリンクセットを頼まれていたので、お母さんがドリンクを女の子はサラダを食べていました。本当はパフェが食べたかったはず。

あの子は何歳になってるのかなぁ。グレていないかなぁ……。それとも自分自身を傷つけていないかなぁと、未だに気になってる親子でした。

言葉とは、深過ぎますね!!

そんな親子は……もう日にちが変わりましたね。月一親子♡デートの日です。

亜未ちゃんプランがとっても楽しみです。

皆様も良き日でありますように!!

長過ぎてすみません。

◇亜未ちゃん学斗君ありがとう

9月25日、My 54th birthday。

さっき知ったけどメッセージアプリ2件。

深夜12時6分、学斗君から「お誕生日おめでとう」。

深夜13時6分、亜未ちゃんから「誕生日おめでとう」。

すてきな一年になるよ!!!

それぞれ違う住まいで暮らすようになった、杉本家。

それぞれに、やりたい事、やらないとあかん事に。日々没頭して楽しんでる杉本ファミリー。離れて生活してるけど、亜未ちゃんと学斗君の事は常に心の中にあって……
わたしの励みであり
わたしのライバルであり
わたしの同志であり
わたしの宝であり……

こんなわたしの事を、お母さんとして選び生まれてきてくれて、出逢えて、共に育ち、成長し、親子として、ひとりの人間として、
支え合い、助け合い、学び合い、笑い合い、喜び合い……。

5年近く、石のように固まってしまったわたしを責める事なく、ただそっと見てくれていて、わたしが苦しむ時は、そっと優しく、愛の手を差し伸べてくれた。生きる勇気をたくさん貰えた……。

2人が存在していなかったら、今のわたしはこの世に存在していなかったかもしれないな……。

それほどまで、どん底まで突き堕とされた。

更年期障害と、もう一つの出来事。そのもう一つの出来事が、もう少ししたら解決するやろう、最終章の闘い。その出来事が丸くおさまった瞬間から……

わたしの城、「hair care lien」、リニューアルオープンとなります。


今は亡き天国にいる最愛なる父……

わたしの愛犬、パートナーゆずちゃん……

お母さん……

必ず、笑顔で無念を晴らすから、心待ちにしておいてや。

闘うと言うと、あまり聞こえの良い感じではないけれど、愛の鞭。先ずは鞭を、そして、心からの愛を捧げて、最後には、その汚れた心を純白にできたら、一緒にスタートラインに立てるのなら、ほんまに上等過ぎる。

闘う準備は、整っている!!!!

足踏みして首を長くして待っている。いや、もう待ちくたびれかけている。

白と黒の法則。真の正当防衛始動。

この、人としての闘いを見過ごしてはあかんなと、わたしが元の自分に戻れた瞬間、自分と約束を交わしました。

やるべき事はやり尽くしたから、今度は、正々堂々と心からの意見を発したい。

もちろん、笑顔が必須。

その勇者ある姿を、わが子、学斗君は遠いから無理やけど、亜未ちゃんには見せたい。

彼女がこの先生きていく上で必要になる要素がたくさんあるから。人としてのわたしを見てほしい。

お父さんありがとう。

いつもわたしの心の中に存在してるから、寂しくないし、心強いよ。心から感謝。

心から、尊敬しています。生き様を全てわたしに見せてくれた。

今度はその心の♥バトンを受け継いで、わが子に繋げていくから……。


天国から見守っててや。

◇わたしが乳がんと闘っていた時

今日は、とても嬉しい事がたくさん訪れました。


お一人目は、わたしの高校時代のお友達のお姉さん。

先日のブログ投稿で肺がんを患い入院していたことを綴りましたが、今日めでたく退院されました。

更にわたしのお友達ではなく、お姉さんから直接ショートメールで、ご報告と感謝のメッセージまでも頂きました!!!!

文字を読むと、山を越されたなと感じましたぁ。

今後は無理をせずに、心身を労わりながら、ゆっくりゆっくり静養しつつ、焦らずに美容師、そして店長として社会復帰。

責任感強いお姉さんやから、無理してるつもりなくても、無理が蓄積してしまったんでしょうね。

働き方改革!!!! 生涯現役美容師目指すなら、少しゆっくりペースがいいのかもですね。

今のわたしは超スローのサロンワークです。予約のお加減で一気にバタバタの時もありますけれど、ひとりひとりのお客様との時間は十分におとりしてます。

なので……ご安心ください。


そしてお二人目は、わたしがバイト時代に一緒に働いていた同僚ピヨピヨ1号（わたしはピヨピヨ2号）、以前投稿した事ありますね。

2ヶ月前ほどからちょいちょいやり取りしてます!!

あの投稿した翌朝に、メッセージアプリ開けたら、ピヨピヨ1号のフルネームが降りてきていたので、もうビビった（笑笑）。

福岡に来てからほとんど連絡し合ってなかったので、久々のピヨピヨ1号はものすごい苦労と試練の連続で、心身が弱り果ててはりました。生きててくれてほんまにありがとうと感謝しました。

男の子だけど、ご両親の手術や闘病介護……。御兄弟はおられるけれどほぼひとりでご両親の事をお世話し、お仕事もあり、愛犬のお世話もし、自分の持病もありながら……。

出会った頃は、15歳と16歳ピヨピヨ1号、ピヨピヨ2号。その子たちが今や、オッサンとオバハン（笑）。

ピヨピヨ1号は、ちょっぴり女性型なのでお料理はめちゃくちゃ得意!!

時おりテレビ電話で、お互い愛犬側に寄せて、

お芋さんもー　直ぐできるで！　待っててやぁ！

ほら……待って！　まだ熱いわ……

ちょっと待ってほんまに待ってって火傷する!!

ほんまにかなんわぁ……。


って、このワンコとピヨピヨ1号のやり取りを観ていたら、ちょっとぉ、あんたほんまに、アレ、中〇家やんか（笑）、お腹痛いわ（笑笑）。

オッサンとオバハンになっても（?.?）、あの時代と気性は同じ（笑）。

あんたはアホか!!　人の言う事ほんまに聞かへん頑固者!!!!とキレるのはわたし。

わかった!!　ごめん、時間必ず作って治療に行くね。元気になるからね！と謝り反省するのは1号。

ピヨピヨ1号の心身が元のように元気になったら、釜山に行く約束を交わしてる。

今日は朝からあかんわぁ〜。

は？？　朝からほんまに!!　釜山!!!!　わかりました……。


ほぼ、脅してる（笑）。

生きる事を、諦めたらあかん!!!!　天国のお父さんお母さんが悲しむ!!　わたしとあんたの大好きな聖子ちゃんもえらい事やったけど、カムバックしはったやろ？

だから、何があっても諦めたらあかん!!

まさか、ここまでえらい事になってはるとは、想像すらしてなかった。わたしは諦めないぞ‼‼

遠く離れていても、関係アチャコ（笑）。

椎間板ヘルニアの緊急手術でご入院、ホッとした。退院おめでとうにもなったからね！


そしてラストを飾る３人目。

最近知り合いになった16歳の僕りん。

家庭環境が複雑で、話を聞くと、まるで韓国映画の可哀想な少年主人公、お父さんと息子。とても可哀想だった。心の中で泣いた。


好きなアーティストさんの事教えてくれはって、その曲聴きましたか？　どう感じましたか？って、マジで語り合いました。アーティストについて（笑）。

ラブレター♥とサプライズ持ってきたで〜〜。

いいのですか？？‼

えーよ‼

多分、あんた泣くわ（笑）、読み返してわたし泣いたもん。

楽しみです。又話そうね。

この子が産声あげた頃、わたしはがんと闘っていた真っ最中。

38歳で出産していたら16歳の子どもがおる事になるのかぁ。３人目産んでいたらこれくらいの子、おったんやね（笑）。３人目の子どもにしといてあげよう。

えぇ？？　こんな破天荒なひとがオカンって、ムリムリムリって（笑）？？

そらそうやなぁ、わかるよわかる（笑）。

あなたはもっといっぱい自分自身を愛してね……。もっともっと幸せに、笑顔で自分らしくあってもらいたいだけや。

◇ウケました笑

極貧時代を長年経験しているから、シングルマザーの人たちには痛いほどご理解いただけると思います。

苦労は、お金を出してでも買わんとあかん。

亡き父親猛さんがわたしによく言ってくれた、神の言葉でした。

お前は今苦労してるか？？

してるよぉ〜ほんまに、苦労どころやあらへんわ、毎日泣きたい気分やわ。

と愚痴ってた時は、福岡に引っ越しして2年3ヶ月、低料金サロンでパートのオバチャン美容師をしていた頃、1年経過した頃やったかなぁ。

杉本さん、暇だから帰って、とその時の店長さんからよく言われました。時計を見ると15時。心の中で、契約は17時までなんやけどなぁ、でもサロン内にはお客様1人だけ、しかも、社員さんが2人もおられるから、仕方ないかぁ、しゃーない、スーパー行こ、子どもにお菓子こーたろ、と開き直り（笑）。

この店長さんに変わってから、こんな日がほんまに多くて、酷い仕打ち（笑）。

平日の時給８５０円。土日祝日の時給９００円。当時のお給料8万、良くても10万円。ＭＡＸ頂けても赤字（笑）やのに、毎月諭吉様を銀行の積み立て（笑）。

杉本さん、お給料増やしたかったら、正社員になったらいいのよ、と何度も何度も言われましたが、拒否。

毎晩20時までお仕事場に居たら、子どもの夜ご飯も遅くなるし、塾の送迎も部活動の応援も参加できないから、極貧でも構わない。正社員になったらお金はたくさん貰えるかもしれへんけど……。時間を失う事になるから、京都にいた時は、帰宅後も後輩たちとのメールで、子どもとの時間があまり取れていなかった事、このまま行くとわたしは未来必ず後悔するだろうと感じていましたから……。

パートのオバチャン、美容師継続したのだ。お金はやりくり次第で何とかなる。

お金で困った時代、10代の頃も経験していたから。そのくぐり抜け方は知ってるし、生きたお金の使い方をすれば、お金が回るという事ももちろん経験して知っていたから有難かった。

亡き父親猛さんが言っていた、苦労はお金を出してでも買わんとあかんの意味は、精神力が強くなるためでしたから。困ったら、そこで止まらない。精神力が強くなると、少しの事では心潰れずに動じないどころか、前向きに突き進む。

あれこれ考えて、あらゆる知恵を借りて、生き延びる方法、たくさん備わっていく。

もう1人わたしと同じパートのオバチャン美容師さんは、同じような事された時に、その店長さんに対して、わたしの契約は17時までなので帰りません。

ノーゲストだからパートさんは要らないのよ、上がってください。

帰りません。

帰りなさい。

じゃあこのまま辞めてやるわ、社長に訴えてやるから。

えええええ？？


ほんまに帰らはった。

わたしがその店長さんに、追いかけましょうかね？と尋ねたら、
杉本さん、追いかけなくてもいいのよ。あの人は辞めてもらっても仕方ないのよ。

いいんですか？　スタッフやのに、こんな形で辞めていかれたらヤバいのとちゃいますか？

……ビックリしたわぁ。ほんまに帰りはったぁ（笑）。

杉本さん、お仕事2人でしようね。

ほんまですね（笑）。

……一瞬動揺しましたけど、普通に戻ったわ（笑）。


その後、店長さん叱られたようで、その店長さんも辞められました。この会社大丈夫かな？？

やるしかないやったろぉ。


そんな大事件は日常茶飯事、かなり店舗減りました……らしい。

当時一緒に働いていた方は、他のサロンの低料金サロンで勤務してる人たち、多いらしい……。

わたしと同じように、自分のサロン継続してる人は、わたしを含めて3人ぐらいと思います。

Mさんは総責任者任命されていたから、先に退職したわたしは気になって気になって、円満退社できはったらええなぁと心から願った。

わたしも辞めさせてもらえないかもと一瞬思ったけど、奇跡的に辞めさせてもらえましたよ。Mさんは総責任者だったから、ものすごく苦労されたと思う。


先日2液返しに行った時、わたしもMさんも、今はめっちゃ天国やなぁ、いやぁ、それほんとにそう思います、地獄とはバイバイ、おさらばやなぁ。

ほんとですよ（笑）。苦労したひとは自然と心逞しくなるのだ。

なので、苦労の試練は、「おぉ!!　ようこそ!!」。

ありがとう!!と笑顔で受け止めていれば、試練のハードルは必ず飛び越せるので、ご安心くださいませ。

余裕、試練、試す練習やから。

この漢字の通りなので、大丈夫、決して逃げてはダメです!!

心逞しく、笑顔で楽しく生きましょう。

happy load
hair care lien

さて、また寒くなりましたね。コレが普通なんかな?・?

今日のサロンワークもノースリーブのワンピース、素足!!　楽しも！

ウチの神の子はご健在でございますので、ぬくぬくポカポカ、安眠中。

仕事帰りにバウンドテニス仲間の方のお家まで湧き水を配水。

話し込んだら長話になってしまうから、容器を玄関前に置いておいてねと言っていたのに、ゆず様が吠えるからお仲間が登場!!

最近手を怪我されたと聞いていたので、湧き水の事も気になりつつ、お電話でその後の経過を知りたかった。……看護師もどき（笑）。

経過は良好との事、左手の怪我だからバウンドテニスはできるよって。

季節が真夏でなくて良かったですね。この手の怪我のおかげで、家族が色んな手助けをしてくれたらしいです。痛い思いをされたけれど、家族の手助けの愛をたくさん受け止めて♥助け合い、支え合い……素晴らしい家族。

心が温まるお話を聞かせてもらえて、このままお家に帰るのは何だか勿体ないなぁと思いました。

帰り道、ゆっちゃんどこに行こうか？　今夜は誰にも話しかけないようにしようね（笑）。

んんん？　この道で良かったんかな？　あの人たちに尋ねてみよう。

公園までの道を優しそうな男性に聞きましたら、同じ公園に行くと仰って、一緒に歩く事になりました。

3人＋1匹。

たわいない話から、
新婚さんですか？

いぇ、そんな、新婚さんではないですよ。

じゃぁ恋人同士？？

あぁぁ
えぇ？　何？？　もしかして、恋人未満お友達以上っていう中途半端なやつ（笑）？

ん、ん……まぁそんな感じですかね。

ちょっとぉ～、今時の人そういう人たち多いですね。

なんでやろうね？

そうですねぇ、なんなんでしょうねぇ……。

こっちが知りたいわ（笑）。ほんまに（笑）。

彼女のこと好きなんでしょ？

は、はい。僕はそうです。

なら、はっきり言わんとあかんよ!!

好きです♥　結婚しましょう。

えぇ!?　いきなり結婚ですか（笑）？？

もうええ歳やろ？

まぁ。そうです。

ぐずぐずしてたら彼女が可哀想よ!!　女の子は婚期が遅くなると気がつけば高齢出産とかに差し掛かるから色々大変になるし、さっさと決めないとあかんのよ!!　この人!!って思ってるんやったらね。

　本当にそうだと思います。

えぇ!!　もしかして、今日お付き合いお願いしますとか言おうとしてたのか？？

何か物凄い大切な時間にわたしとゆずが入り込んだやつとか？？

……。

あぁぁ、良かった!!　じゃぁ少し一緒に散歩しましょうか。
ねぇ!!!!
そんな事は全然大丈夫ですよ!!　ワンチャン大好きだし♥
おふたりは口を揃えて、

おふたりに、福岡タワーのイルミネーションの事や、先日お友達と初めて訪れた唐津のシーサイドホテルのリッチなランチタイムの事等等、デート♥スポットをオススメしました。

彼女さんは携帯捌きがお上手で、唐津のシーサイドホテルのリッチなランチタイムの事を検索されてました!!

彼の職業がハードワークで、そのあたりの事も気にされていたんでしょう。大切に思うから、色んな事を踏まえて考慮されていたんだな、と感じました。よく言えば誠実で慎重な方！　悪く言えば……グズい（笑）。

職業柄なのか、性格なのか、ものすごく謙虚な方で、優しくて、頼れる方でしたから。

その事を彼女さんにおトイレに連れション行った時に、コソコソ内緒話（笑）。

「わたしが彼女の立場やったとして、自分もこの人なら!!と思っていたら、わたしをもらってください‼って、逆プロポーズするわ（笑）」

「えぇぇ‼‼」

「大好きやったらね♥お年頃やしね。女やから相手の気持ちを待ち続けるっていう法律はあらへんし（笑）。

あの、誠実さの持ち主なら、多分クリスマスの時にサプライズとして、とかなんやかんや考えはると思うけど、忙しいから、時間ばかり過ぎて、ほんまに何やの（笑）。

ストレートに行けば良いだけやなに……可愛い人やね」

その時、何か楽器の音色が聞こえてきて……

行ってみよ‼‼


なんと「生演奏会」が開催されてた。こんな素晴らしいサプライズってあるんや‼‼とリクエスト、ジブリの曲弾いてもらった。他にもたくさん‼‼

タンバリン貸してもらって、彼と踊ったりして。演奏者さんたちもノリノリで踊りながらの生演奏。ゆずちゃんを抱っこしながら踊った（笑笑）‼

葉加瀬○○さんの名曲、○○大陸のディスコバージョン。

わたしは、羽織を脱ぎ捨てた‼

ちょ、ちょっとぉ〜っ！　タンバリンやったらあかんやんか‼（笑）　扇子、欲しいわ〜〜、残念……。

何となくその気持ちわかりますわかります‼

やろぉ⁉　残念過ぎる……。

彼女さんは、ゆずのリードを持って子どものようにはしゃぐ。彼と怪しいオバハンを見ながら微笑んでた。

半袖で、寒くないですか？

えぇ？　全然寒ない‼　更年期やもん（笑）。

あぁぁ……（笑）。


この生演奏されてる方々、とってもお上手です‼　あちこちの公園で生演奏されているそうです。チップは、あめちゃん多め、とお気持ち程度のお金。彼女さんと相談して、チャリンチャリン。ありがとうございました。


野外でのサプライズコンサート、ほんまにhappy&luckyやったね。

本当にそう思います‼

演奏者さんも、こういう人との出逢いが本当に嬉しいって言ってはりました。音楽は、みんなを笑顔に幸せに導いてくれる素晴らしさ、たくさんありますね。

この前知り合いになった16歳の僕りんの大好きなアーティストさんの曲は、お友達にも教えてあげました‼
声が澄んでいて、女性のような透き通る素晴らしい歌声だったので、心落ち着きます♥
今度会った時、語らせてもらうね（笑）。

ふと空を見ると、お月様の横に星さんが、何の星さんやろね？

彼女さんが素早く検索、木星みたいですよ。

そうなんやね!! ゆっちゃん！ 木星やって!! 彼が彼女とわたしのためにご馳走してくれはった!!

ご馳走さまでしたぁ。

最後のお散歩の締めは、ブランコ!! 行こ行こ!!
彼女さんもブランコ大好きって♥ 一緒やね。ゆずちゃんも実はブランコが大好きなんやで♥
ゆっちゃん!! しっかりつかまっときや!! ずり落ちたらあかんよ。

めちゃくちゃいい感じに漕いでた時に、写メの撮り方がどーやこーやってグズいから、止まってる画像やんか!!（笑）

滑り台滑ったり……

ゆっちゃーーーーーーんっ!!

こっちやでーーーーーーっ!!!!

猛ダッシュ！


久しぶりにたくさん走って遊べてほんまに良かったね!! おふたりにも心から感謝です。草履で猛ダッシュ。

「元気ですね」

「うん!!　めっちゃ元気!!!!」

「色んな事知ってらっしゃるから……」

「色んな事知りたい人やから、アレよアレ！　好奇心旺盛なひとなだけよ（笑）」

「好奇心旺盛ってすごいいい事ですよ」


そうなんや!!　京都にいた時はお客さんから、あんたはジ◯リのあるキャラクターにそっくりやな、って言われてて。そのお客さんから最後のお別れの時、そのキャラクターの置き物、手作りの品を貰ったんやで。わたしの宝物の一つやで!!

乳がん手術する時にサインしてもらった、恩人のお客様からの、サプライズの贈り物。

手術の日も来てくれて、リハビリのビデオ一緒に観てた時、右腕上がらないから、こんなん絶対上がらへんわぁ、ほんまに動くようになるんやろか!?　どー思う？

と言うと、

……髪の毛切らずにずっと待っとくわ。

ほんまに？　待っててくれるん？　こんなんやったら、いつになるかわからへんで!!

ええよ!!　いつまでも待ち続けてあげる。焦ったらあかん!!　ゆっくりゆっくりやっていき!!

ありがとう。

このお二人との出逢いから、又過去にお世話になった恩人達の事を思い出させてもらえました。

彼は、明日お友達の結婚式に出席。今度は、あなたたちの番です!!!!

そうなるに1票!!!!

そうなったら、二次会のみ参加します（笑）。

ほんまに、楽しかったね。

出逢いに、心から感謝します!!

今頃、爆睡やろ（笑）。

どうか、深い眠りと楽しい夢の続きが見られますように。お二人と演奏者の皆さんもね。

◇あけぼの福岡

時間の過ぎる速さに、ちょっぴり恐怖を感じているわたしです（笑）。

今日のサロンワークは、朝早めからスタートし、午後からは、何年振りの再会となるんやろぉ、ほぼ最近のわたしは幽霊会員レベルになってしまってる、あけぼの福岡、乳がんの患者会のセミナー、受講してきます!!

セミナーの内容は、乳がん治療中の皮膚ケアについて、皮膚科クリニックの女医先生が、色んなためになるお話をしてくださるので、しっかりとメモに残し、またこのブログへ投稿しますので、乞うご期待です。

お昼ご飯などはもちろん口にはしません!!!!　何故なら?

たくさん食べてしまうと、１００%眠気が襲いかかるからです。K先生の素晴らしい貴重なお話が子守唄とならないように。セミナー終了後に飛び込みのご予約がなければ、ふくふくプラザの斜め辺りにあるたこ焼き屋さんに立ち寄ろうと企んでおります（笑）。

先日、このあけぼの福岡の代表とお電話でお話する機会がありました。その時に、書籍を出版す

る事に決まったと伝えたら、

「良かったねぇ‼　具体的に決まれば又伝えてね。『飛梅』（会員の会報誌）に掲載して、会員の皆さんに教えてあげましょう」

と言ってもらえました。幽霊会員レベルだったのにいいのかな。暗黒時代には、体調が優れないという内容の文面を、会報に付いていた返信はがきに書いて送っていました。

普通に何気なくしていた事が徐々にできなくなってきて、本当にできなくなり、時が止まった。もう一生このままだと思っていましたからね。

その話題に最近よくサロンワークでお客さんから言われます。


「杉本さん‼　本当に元気に戻れて、本当に本当に、良かった。本当にわたし、ものすごく嬉しい。杉本さんが苦しむ姿を見ていて、どうしてあげたらいいのかと、本当に側で見ていて、可哀想で可哀想で、ただ、側で寄り添ってあげるしかできないなって、ずっとずっと思っていたの。元の元気な杉本さんに戻られて本当に嬉しい。福岡に、よく来てくださった‼って、お友達からこのサロンの事教えてもらって初めて来店した時に、感謝したのよ‼」

涙を流しながら……話してくれました。

翌日ご来店されたお客さんからも、

「もう付き合いが長くなったね！　あの低料金サロンからだから、移動した野芥の所にも追いかけたよ。

杉本さんの子どもさんが習っていたサッカーのママ友から、杉本さんの存在を教えてもらってからだから……。長い期間苦しんだけど、ほんとによく頑張ったね。来年の成人の日は娘をお願いするね!!」と。


色んな事を思い出してしまい、その場で号泣しました。

先日の早朝、荷台のポリタンクも自宅のポリタンクも、全ての湧き水がなくなりました。

朝イチの予約も貰っていたし、執筆してるとものすごく集中してるから、あっという間に3時間4時間、時が流れてしまい、目が冴え切ってるけれど、サロンワークの事を考えると、睡眠時間を確保しないとあかんから。

そして大切な湧き水の存在……。

飯盛山の中腹にある湧き水の場所まで車で走行してる時に、何故そこまで動くのか?と自分自身に問いかけたら。

あの辛かった5年間を思い出すと、動きたいのに動けないというジレンマとの闘い。今はこうして自分の意思通りに動けるから、幸せで。自分の事もあるけれど困っている人のために動ける事が、心から幸せやなぁって、感じてね……。

涙が止まらなくなりました。

動きたいのに動けない苦しさは、わたしにとって過去最大級の生き地獄だったから。

止まった5年分の恩返しをさせてもらえている今を心から感謝しているし、暗黒時代の5年間を、許せた。ありがとう。

この辛い経験をこれからの第3の人生の糧とし、委ね、委ねきり、困っている目の前の人へ、わたしなりのパフォーマンスで、その方々の心の闇が僅かであっても、闇が霧へ、霧に光を差し、光が霧を断ち、後光がさすように明るく笑顔を取り戻し、再び自力で歩まれる、その姿を見届ける事ができるお手伝い……。

それが……今あるわたしの使命やと思ってます。

お客さんの涙を無駄にしたくありません!!

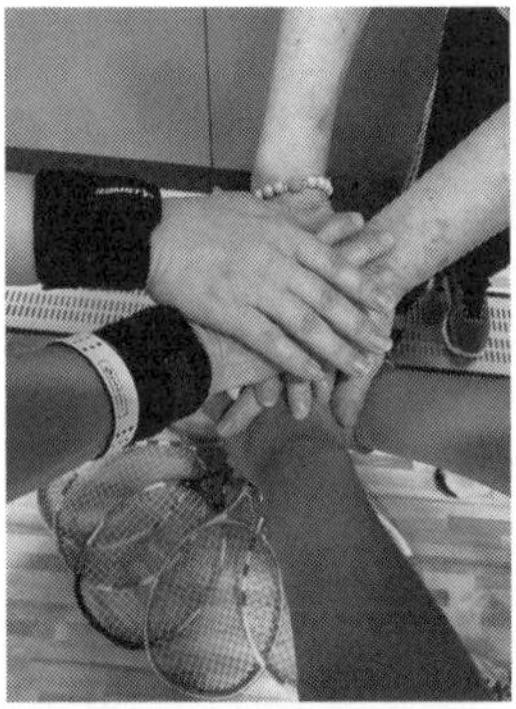

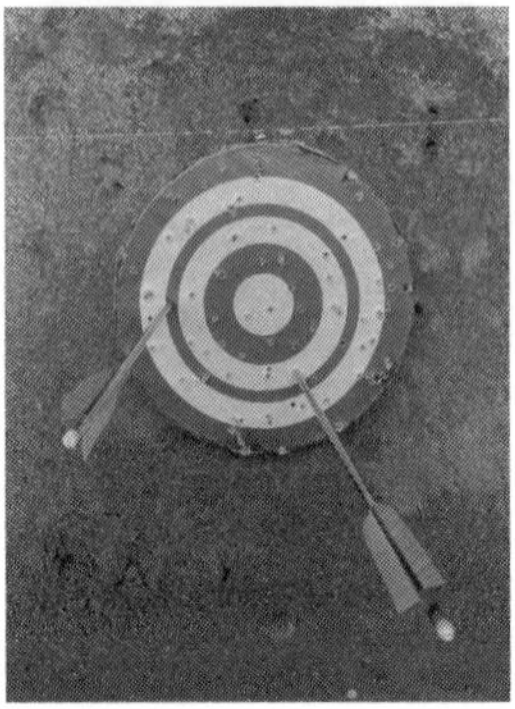

◇バウンドテニスと弓道

起床、何故だか3時40分、気持ちの良いお目覚め、からのブログ投稿から始まりまして……。

わたしと関わりのあった方々への御礼のお手紙や、サプライズのお菓子の詰め合わせバラエティー鬼セット数個製作。鬼とは？　私の事です。

夜が明ける頃、ゆず風呂に大人しく浸かる。そして早業のお着替え!!

ゆっちゃん行こか。

飯盛山まで水を汲みに行ってからの、お散歩この時点で、９時。

バウンドテニスは、既に、お遅刻。でも、やらないとあかん事を最優先させる、強引なわたし(笑)。

安全運転で一旦帰宅、その住民のひとりのお友達からご挨拶していただき、立ち話。わたしが湧き水を手渡す事に対して、何故か、泣いてはる。

「どーしたん？　何で泣くの？？」

「ネットで調べたら知恵の水が８時から８時半までと知ってね。貴方はその短時間で汲んでわたしにまで手渡してくれてると思ったら、感謝の気持ちがいっぱいで涙が出るのよ。

主人も杉本さんに何か返さないと駄目だなと言ってくれてて、今度飯盛神社に参拝して、お水を頂いて杉本さんにお返ししょうと、話し合ったところなのよ!!」

「まぁ、そんな事を。すみません、ありがとうございます。

知恵の水は学問の神様の場所で、飯盛神社のお向かえにあってね、そこは早朝から19時まで汲めると聞いたことありますけど……。

わたしが頂いてる湧き水は、飯盛山の中腹にある所ですよ。飯盛神社の前の道を真っすぐ上がると自然に山道に入っていくので、そのまま道なりに沿って走行していけば、その場所に到着しますよ。意外にクネクネガタガタの山道だから気をつけてね！　駐車場も完備されてますから。そこは６時から14時まで汲めます。

1度だけ14時ギリギリに行った時、湧き水が止まる瞬間見届けて感動しました。ネットには知恵の水の事しか掲載されてないのかな？　わたしは頻繁にあの聖域にお散歩にゆずと行くので、お水は大丈夫ですよ。他にもたくさんの人たちに手渡してるから、気を遣わなくても大丈夫」

この方と実は、交換日記してます。お手紙をよくポストに入れてくださるので、ノートの方が思い出として心に残るかなと感じまして。

たわいない事を綴ります。わたしは筆ペンでサラサラ。きっと読みにくいやろうなと尋ねたら、案の定、何度も何度も読み返しているらしいです。

（笑）ごめんなさいね。

わたしからのサプライズ。

時に贈るラブレターもらった人は……（笑）。

京都にいた頃も、「杉本さんの顧客カルテには、何が書いてるあるかサッパリわからないです」と、よく後輩アシスタント達から言われたな。

鬼語、鬼文字（笑）。

中央体育館到着したのは、10時。

おはようございまーーす。ちょっとぉ～ほんまに、遠過ぎた……。やっと辿り着いた中央体育館!!!!

大荷物持って、派手なちゃんちゃんこに身を包み、その怪しい姿を見た仲間の一人Yパパから、

「大阪の夜逃げしてきたオバチャンが来たよ～（笑）」

皆さん大爆笑！

えぇ～!?!! 大阪の夜逃げしてきたオバチャン（笑）？？

ちょっとぉ～朝からほんま素晴らしい言葉!!!! 上手い!!!! めちゃウケた、上手い事言わはる!!一本取られた（笑）。床に倒れ込んでワロタ（笑笑）。

皆のツッコミが冴えていて、ここは関西か？？と思う時がある（笑）。

Yママが松山○○様のコンサート♫に行った時に貰った、杉山○○様のコンサートのチラシ。死ぬまでに彼のライブに参戦したい、と言っていたのを思い出し、そのチラシを掲げてサプライズ！

「誰か一緒に行きませんかぁぁ？？」

一同シーーーーン。

世代が違うもん!!と言う60代世代の方々。わたしの一回り下の育メンMちゃんに尋ねたら、「曲は何となく知ってますよ!! 夏のアレでしょ？」と、身体でリズム取りながら小ジャンプ、ノリの良い育メンMちゃんも踊り歌い始めた。

体育館がコンサート♫会場に（笑笑）。

杉本さん、ごめん、行かないわ（笑笑笑笑）。

そんな明るく無邪気にはしゃいでくれる、お仲間に心から感謝。

このお礼として、本気の miracle サーブ、捧げてやるわ。子どもから高齢者まで……楽しめるバ

ウンドテニス。

やりたい人、全国各地、所在してますので、ネット検索または、YouTubeにて、バウンドテニスと検索してみたら、全国大会もご覧になれますよ。

運動不足は、身体に毒。


そして、弓道。

今回は、初めて18時半に弓道場に到着。心からホッとした。順調に巻藁との戦いが進んでいましたが、20時回った頃、又アクシデントがわたしを襲った!!!!

この前、左人差し指でやらかしたのと同じ事をやらかしたようで、今回は射った矢が、巻藁が置いてある木材にぶち当たって、矢がそのままの勢いで跳ね返ってきたようです。

その矢が左手のお姉さん指、薬指に突き刺さるも、少し避けたみたいで、血が滲む程度。痛みは一瞬、激痛。

指導者の先生は、

「まぁ!! 又この前と同じ事を!!!! 大丈夫!? この前の湿布の使いさしはあるの?」

「あの使いさしの湿布はもう必要ないかな、と思って、自宅の救急箱に片付けましたけど。片付けない方が良かったですね（笑）」

先生、こんな事は？

ありませんね（笑）。

少し休憩してから、一度だけ巻藁に向き合いましたが、先生から、

「杉本さん今日は下半身のお作法のお稽古に切り替えましょう」

わかりました!! 先生、本当に覚えが悪くてすみません。

わたしは人が10回でできるところ、１００回以上しないとダメな人なので、手が掛かると思いますが、宜しくお願いします。

杉本さん! 貴方は１００以上する気持ちがあるのですね?

もちろんですよ!! いつもそうなのでそれが普通です!!

その方がいいのよ、何百回も継続していきましょう!! そしてモノにするのよ。

何が何でもモノにしますよ!! 命懸けで!!!!

先生はクスッ、と微笑まれていました。

この自分に対しての負けず嫌いは、自分でも呆れてます(笑)。

勝負事、挑戦する気持ちはもちろん、わたしの場合は、その変化する成長過程をものすごく重視していて、わたし自身の生き方そのもの、そのまんま。

弓道とせっかく出逢ったのだから、女流鏑馬に挑戦したいです。

何故なら??

わたしは京都競馬場の側で生まれ育ったので、亡き父もお爺ちゃんも競馬場を愛していたからね♥

お馬さんときっとMy Friendになれると思う♥ 乗馬体験は一度だけ経験。流鏑馬には年齢制限があるみたいです。

でももしその事が実現する機会が訪れた時には、責任者の宮司さんに尋ねてみます!! オバチャンでも挑戦させてもらえますかと……

一言、下さるでしょう。

この前立ち寄ったコンビニで何となく右側辺りが気になって振り返ったら、競馬新聞。エリザベス女王杯。コレは買ってあげんとバチが当たる!!!!

500円です。

えぇ!? 意外に高いですね!! ビックリしたわ(笑)。わたしのではないですよ! コレは天国のお父さんとお爺ちゃんのために捧げる新聞です。帰ってからお供えしますね。

あの世に逝っても、好きなものは永遠に……(笑)。

えー事やね。

皆さんも、ご先祖様にお菓子とかお水やお花は欠かされていないと思いますが、故人の大好きだった事を思い出してあげてくださいね。

そしてその事に関わるものと遭遇した暁には、お供えしてあげてください。

きっとテンション爆上がりにならはりますのでね!! 反対に素晴らしいエネルギーチャージしてもらえると思いますよ。

御先祖供養、大切です!! その方々の存在なければ、今ある自分は存在しませんからね。

♥心から感謝♥

◇今ある弓道

弓道のお稽古ノート。これも宝物。宝物多過ぎる、欲張りな変態（笑）。

やるからには本気!! てっぺん!!!! 適当ならやらない方が身のため。お金も時間も無駄になる。

本気で挑んで努力しても、叶わない時たくさんある。でもそれは仕方ない。

弓道の時も、地に深く深く!! もっと深く!!と言われるし、弓を引く時も、右肘を上げて、そのまま、もっともっと、もっと、そう、もう少し……

ヨシ!!!! いいよぉ〜、と号令、わたしの右側後方から毎回言ってくださるので。

先月のお稽古の時に、

「先生!! 今更ですけど、巻藁のどこを見たらいいのですかね？ 巻藁全体を見てるのですけども……」

「えぇ!? 貴方、巻藁全体を見ていたのですか？」

「巻藁全体を瞬きせずに見てました!!」

「巻藁の真ん中を見るのよ!!（笑）」

「真ん中ってここですか!? ここですよね!? わかりました。今後はココしか見ません!!!!」

……と、とんでもない質問をしてる時が多々あるようです。その時は先生少し、あたふたされます。

過去３回ほど、仕事が押して、後片付けを一旦放置して弓道場に向かいました。

この時間だったら１回だけでもできるかな？ できなかったとしても、皆の最後に行われる礼射は見学できるから行こう!!

その事が、指導者の先生と他の方々に迷惑をかけているようなら、お休みにした方がいいですか?と、指導者の先生に尋ねました。

「杉本さんは、その事に対してどう考えていますか?」

「わたしは、火曜日に教わった事を木曜日に何があってもチャレンジしたいと思っていました。何故なら、木曜お休みすると1週間弓を触らなくなるから……。

又身体が忘れてしまい、せっかく学べたのに勿体ないなと感じていて……。覚えの悪いわたしだからこそ、たとえ一回しか巻藁と向き合えなくても、一回でもさせてもらえて有難いなと感じていました。

でも、先生と皆さんにギリギリに来て迷惑をかけてしまってるなら、お休みにした方が失礼ないのなら、お休みにしようと思っていたので、先生のご意見を聞きたいです」

「わかりました。杉本さんがそのように思うのなら、その心で、やり続けなさい」

「わかりました!! ありがとうございます!」

その日は、ギリギリに来たのに、先生は3回もさせてくださいました。

美容師の仕事の色んな技術も、着付けも、バウンドテニスも弓道も、それぞれにある宝物のノート、未だ大切に保管済み。

わたしがあの世に旅立つ時には、棺桶の中に入れるようにと、子どもたちには伝えてます!! 時として技術的に、悩んだ時には、必ず読み返します。

中学時代から普段付けていた日記帳は不必要だと直感!! 離婚を機に捨て去りました!! 読みた

くもないし、読めばしんどくなる負のノートだと感じました。

その時から普段の日記をつける事はしていません!!

継続は力なり、それを一番よくわかってる自分やから、強引に、時間ギリギリでも車を弓道場に走行させるのでした。

弓道場では、ほとんど無駄口はしません!! 礼射終わるまでは謹みます!! 約束事は必ず守ります!!

教わる人は、指導者の先生のみ!!

その事を、先生も他のお上手な方々へ伝えてくださっている事は、最初の頃から知っていました。言われていないけれど、見ていたら感じるので、先生がお休みされる時はお休みします!!

だから、帰り際必ず先生に尋ねます。来週は、来られますか?と。

弓道の道は未知の学びだらけなので、ただの日記と言われたとしても継続していきますよ!!!!

そんなノート書いている人は、お稽古場には誰一人おられませんが、お家に帰ってから付けてる人はおられると思います。

ライバルは他人ではなく、自分自身!!

第３章
日々徒然

As long as there is life
命ある限り～試練を振り返って

◇3度目の命拾いと試練

皆さんこんばんは。

先日のお休みの日に、亜未ちゃんとまいきくん（亜未ちゃんの彼氏さん）とわたしの3人で筑紫野市にある温泉施設に初めて行ってきました。

お昼のランチビュッフェも堪能し、暴飲暴食は控えようと誓っていたけれど、ゆっくりとよく噛んで食べていたのに65％で止める予定やったのに……。

ふぅ～ッ、息を吸い込むのも一苦労。又過ちを犯してしまったやんか。苦し過ぎて休憩する事4時間。それからお風呂に入りました。

露天風呂からの景色は最高で、空を見上げると飛行機が飛んでるやんか!! まるで小さな子どものようにはしゃいで……。

亜未ちゃんとまいき君たちの方が落ち着いてはります。

そんな亜未ちゃんから、

「わたしが子どもを産んだら、今のお母さんとわたしみたいになりたいねん」

「今のわたしと亜未ちゃんみたいな関係って親子と言うよりお友達みたいな関係って事かな？」

「そうそう」

そういえば昔からお母さんって言葉はよく使うけど、内面はお母さんという感覚がなかっただけに、自分の子育ては自由過ぎて、こんなお母さんでいいんやろか？とよく考えてたなぁ。

今でも、自分の子育てがどうだったのかは未知だなぁ。こんなお母さんやけど、これからもお友達のように、一緒に笑ったり泣いたり、時には悩み事を相談し合えたり、今の関係を大切にしていこうね。


今夜のタイトル……3度目の命拾いと試練……。

1度目の命拾いと試練は、８ヶ月の早産で仮死状態で誕生した事。

2度目の命拾いと試練は、38歳の時の乳がんの手術と、抗がん剤治療の副作用がかなり酷く苦しんだ事。もうこんな苦しい経験はこれで終わりにしてほしいと心から願っていたのに……。

3度目の命拾いと試練は、乳がん手術と抗がん剤治療を遥かに上回るくらい、もがき苦しみました。乳がん告知前の体調不良の2ヶ月よりも、過去最大級の大試練……。

大切にしてきたこのブログ投稿もできない状態でした。毎日開けるのに48歳の頃から4年10ヶ月の、長い暗闇のトンネルとの闘いの大試練。

更年期障害。


本来のわたしは、元気だけが取り柄だったのに、笑顔も元気も全て失いました。生き地獄とはきっとこんな感じなんやろうな……と思いました。

乳がんの時は、進行はしていたけれど余命宣告は受けていなかったので、闘えるというチャンスを貰えたとまだ喜べた自分があったけど……。

更年期障害も人それぞれ症状が違いますね。

２０１８年8月に過労から倒れました。その翌月から何となく億劫という言葉が出始めました。

49歳の時でした。

2019年~不安感、心のザワザワ感、酷い倦怠感、ホットフラッシュ、過眠からの早朝の目覚め、不安障害。50歳の時でした。

2020年~極度の不安感からの下痢と軟便。51歳の時でした。

2021年~焦燥感、躁鬱感。52歳の時でした。

2022年~意欲低下、気持ちの沈み、頭が回転しない事から決断力、判断力も低下、その延長から、人とのコミュニケーションのキャッチボールが上手くできなくなりました。

日常生活も差し支えるようになって自信を失いました。53歳。


一番辛かったのが、頭が回転しない事。

最愛の父親を去年の10月に天国に見送ってから、ポカンと心に穴が空いてしまって……。闘病介護してる時は、ただ必死で努められたけども、役目を果たした瞬間に、時間が止まったかのようになってしまいました。

病み過ぎると、喜怒哀楽という感情や表情、表現までも失ってしまう事を経験しました。こんなに悲しいのに何で涙が出ないんやろう……。

不思議でした。


この4年10ヶ月の期間に、婦人科、心療内科は2件、霊的な事が視える方の鑑定は1回、心身を整えると謳っている所に1回、鍼灸院は一番多く診てもらったかな……。

自分より年上の方々に、自分と同じような状態を経験された方を探し続けました。何か元に戻る事ができる糸口を、片っ端から探し続けた４年10ヶ月に、疲れ果てた自分がありましたけど、自分を責める事は一度もありませんでした。

反対に弱っていく自分をしっかりと受け入れ受け止めて、不安感が襲うと大丈夫!! 大丈夫!!と自分を抱きしめて、絶対元に戻れるから、諦めたらあかんよ!!と数え切れないくらい、弱る自分を励まし続けていたら……。

本来の自分がどんな感じだったのか?? 思い出せない程にまで堕ちてしまいました。


鍼灸院の先生も随分悩ませたと思います。鍼灸院の先生は、更年期障害の症状はそれぞれ違うけれど、更年期障害の心の病が一番治療が難しく、命を落とす女性が多いと、わたしが奇跡的にその長い暗闇のトンネルを抜け出せた今年の７月中旬に、教えてくださいました。

まるで本当のお父さんのように喜んでくれはった時に、

「先生、がん闘病を遥かに上回るぐらい苦しく辛かった。今まで生きて来た中で一番の試練やった」

先生は、

「よく自力で薬も服用せずに長いトンネルを抜け出せたね。時に起こるホットフラッシュ、関節のこわばりは、僕がケアしていけるから、後は楽しむ事だけよ!!」

奇跡的に、元の自分をしっかりと取り戻せた。

わたしの今後の余生は『心から全てに楽しむ事』。

そして、この辛く苦しかった試練と経験を無駄にせずに、同じように苦しむ方々に寄り添い力になりたいです。

更年期障害は、時期が経過すると必ず回復するので、自分を諦めずに、苦しくてたまらなくなったとしても、大切な家族やお友達の大きな存在を思い出して……。

自ら命を断たないでほしいです。

◇まるちゃんその後

おはようございます。

寒暖差、すごいですね!!!! 朝晩は冷え込み、お昼間は、暑くて、若い年代の方でも何を着て良いのかわからんって言ってますよ。

わたしは未だノースリーブ、又は半袖タイプのロングワンピース姿で、サロンワークにお励みです。

首には、例の、アレ。わたしの暑がりは、更年期障害のホットフラッシュさんから始まったという訳ではなくて……。

そういえば、京都時代から暑がりやった。

お洒落なストール巻きながら半袖姿でサロンワークに立つ後輩の女の子。横目で見ながら、素敵やなって思ってた。その時もわたしは半袖やったはず。

シャンプーする時もカットする時も、カラー塗布する時も、パーマのロット巻き巻きする時も、長袖着ていても、肘上まで腕まくりしてるから半袖やんか（笑）。

年がら年中、半袖かノースリーブのワンピース。外に出る時は、最近はほぼ羽織ちゃん。足元がアレやし下駄か草履。

下駄と草履に目覚めたのはコレ、モチモチ草履。噂のメガド○○でご購入。亜未ちゃんにも買ってあげた!! 7月下旬やったよ!! この子たちになったのは8月やったはず。

8月、草履and下駄さんデビュー。大分県の草履専門店。ネット販売されてる。大分県国東市にお店があるのかな? そちらでこんなおシャンティなお草履様をご購入。

更に先日、ご近所にあるい○○堂さん。着物たちの古着屋さん、大創業祭!!!! コレは何が何でもお邪魔せんとあかんと、疲れた身体に鞭打って行った。

行った価値ありやった。普段履きだよ!! 唐草模様、お洒落でしょ。可愛いし個性的!!ってわたしにおすすめしてくれた。

フリーサイズやけど、何かちっちゃく感じる!!って伝えたら、かかとははみ出てないでしょ? 草履の種類が違うから慣れますよ、履き心地も柔らかいし下駄よりも楽だと思うよ!!

８００円、買います。

まっさら!! ↓ おニュー!! ↓ 新品って事やで（笑笑）。関西弁講座やんか（笑笑）。

この子は、同じく８００円、買います。

予選通過して選抜されてウチの子たちに仲間入りした子達!! わたしが……あの世行くまで大切にします。

い○○堂の店主さんとわたしのコミュニケーション、想像しただけでもにやけるはずです（笑）。

店主さんは、めちゃくちゃ言葉の駆け引きが多彩で、流石22年間このお店を継続されてるだけはあります!!

目立たない雑居ビルの2階で、その下に着物着たボディさんが一体立たれています。お店の看板的なボディさん。わたしもその子を見かけてこのい○○堂さんを知ったんよ。

そのボディさんを毎日階段で上げ下げするのは、高齢になるとキツイと思う。よくやってはるなと感心する。わたしでもムリ（笑笑）。浮腫になる。怖い。

そのボディさんの襟元が、毎回通る度に気になって気になって、勝手に手直ししてしまうわたしの心理……それは。

襟元は、美しくね!!!! 乱れていたらあかんやろ？ 不細工!!!! みっともない!!!! お着物が悲しむ!!!!

以上。

草履ａｎｄ下駄さんほぼオンリーの日々になってから、身体が疲れなくなって、足の浮腫みも消滅した話を店主さんにしたら、
へぇーーーーーほんとに？？？ 僕もこれから草履か下駄で過ごそうかなぁ。


下駄と草履の効力と効果って検索したら、青○本店さんにヒットしてね。

下駄と草履さんたちの良い事が山盛り記載されていて、まだ読みきれてない。

速攻この子をご購入!!

シンプルで綺麗なんやけど、本当はもっと可愛い柄のがあって、でも子どもちゃんタイプしかなかったんよ。

遠い日に、直接お電話して子どもちゃんタイプの生地で大人女性タイプのお草履を特別発注の申

し出、お願いしてみますわ。

もちろんプラス料金も提示は必須よ‼

わたしのお得意の我儘ａｎｄ厚かましいやつ。お願いするのはただやし、迷惑はかけないと思うしね。聞くだけまではただやし、迷惑はかけないはずやしね‼

その心と行動はええ事に繋がると信じ切ってるわたし。


ひと昔前京都時代。わたしとくりそつな行動とる後輩の男の子Ｎ君、そんなはしたない事は絶対にしない真面目なＧ君と、３人で大阪のセミナー受講前に何気に入った定食屋さん。

何食べる？　コレ美味しそうやんか‼

あんた何するん？　わたしコレにするわ‼‼

後輩君たちとのこのわちゃわちゃ感がほんまに楽しかったし、今でもずっと、生涯忘れない‼

大切な家族、大切な子分たち……。

注文して食べてたら、ご飯のお代わり自由って張り紙貼られてますやん‼

お代わりしたろ。

ほんまや‼　わたしもお代わりしよ‼

真面目なＧ君は黙々と食べていた。

すんませーん‼　ご飯のお代わりお願いします。

それと味噌汁のお代わりはできませんよね？

店員さんは、

「味噌汁のお代わりは……じゃぁ一杯だけサービスしときますね。ご飯は何杯でもお代わり自由よ!!!!　いっぱい食べてね!!」

わたしとN君は……

「ヤッタァー!!　ありがとうございます!!!!」

「あんたよーそれほんま言ゆてくれた!!　天才!!　流石やな!!　あんた大物になるで!!（笑笑笑笑）」

2人で盛り上がってるのを横目でチラ見するG君
「ありえませんよぉ～ほんまに!!」

「何がありえへんのや？」

「だって、ご飯のみお代わり自由って書いてありますやん。なのに、味噌汁までお代わりお願いって、普通しますか（笑笑）？？？？？」

「そんなん別に聞くだけただやんか（笑）」

「ほんまですよ!!　聞くだけただやろ（笑）。アホちゃうか（笑）」

「わたしら何でも聞きまくりやで（笑）、なぁ、それ普通やんか（笑）。G君は真面目過ぎ!!　脳みそ固過ぎる。そんなんやったらこの先、荒波の波乱万丈の人生、生きていけへんで（笑）」

「ほんまや!!　ほんまや!!（笑）、出世できひんぞ!!　ねぇ杉本さん!!」

「そやそや!!　出世まではムリやな（笑）、まぁ今の段階のまま行くと、出世した人の付き人位やな。よーいっても！（笑笑）」

G君は
「じゃぁこれからは色々と聞いてみる事にしますわ、それでいいんでしょう？？」

「あんたは素直でええ子やわぁ!!　ほんまに可愛らしいわぁ、男前!!　人気者!!　流石ウチの会社のプリンスの代表!!!!!!（笑）」

「N君は、不細工やけどハートは男前!!!! 出世株!!!! 間違いない!!!!」

「ヤッタァー（笑笑）」

定食屋のおばちゃんたちも、その賑やかにえらい盛り上がる、ややこしい３人組を見ながら笑ってた。

N君は、当時のわたしによくこんな事言ってたな。

杉本さんは、「不可能を可能にする女!!!!」心から尊敬します（笑）ってね。

その言葉、有難い素敵な言葉やと思ってる。

来年度は会いに行くから、待っとれ!! 疎遠気味らしいけどな（笑）、ま、ええとしよ！

羽織に草履姿、朝飯前や（笑）。

あ、まるちゃんの事がタイトルやった。脱線どころの騒ぎやあらへんやんか!!!! ほんまに、どーゆう事？？？？って、自分をつっこむやつ笑笑。

昨日のお昼間の空きタイムに、新聞屋さんに御礼の品物持って行ったよ。奥様は不在。その珍事件を見物していた従業員の方がお弁当食べていた。

あ!!!!

わたしが近づいて行っただけやのに、口に含んだご飯を吐き出していた（笑）。

すんません、昨日の珍事件……。コレ、少しですけど皆様でお食べください。それとお隣のオーナーさんと奥様、会われますか？

うんうんとうなずくお兄さん。

だったらコレ、猫ちゃんのチュールの贈り物。中にお手紙と名刺入れてありますし、中を見たら、オーナーさんもわかられると思います。本当にありがとうございました。

まるちゃんは元気です!!

あの後ご飯食べてブランコの上で爆睡してはりましたわ。楽しくてはしゃいで疲れはったと思います。

気持ちが楽ちんになれた瞬間だった……。

青空で風が心地良い。

◇ちょっと待った!!

午後から時間があったので、東区の照葉総合体育館まで行きました。

いきなり、都市高速も渋滞、体育館の駐車場も満車。少し離れたホテルの駐車場に駐車お願いしますと誘導されて……。

又何を持って来たんか？？？、と思う程の大荷物。その姿、怪しいオバハン。

強風で肌寒いなと感じたら、慌てん坊のわたしったら羽織も忘れて半袖姿。

しゃーない、自分が悪い、反省や!!　しかし……既に疲れた。

第３章

日々徒然

午前中は、自宅で仕事していたので、仕事前にベランダ下を見ると、引っ越し前にご挨拶した、以来お姿拝見した一階の息子さんのママさん。

おはようございます！　久々やないですか!!　何してはるの？？？

久々ーー!!　久しぶり!!　この庭をね、２階のわんちゃんと貴方のわんちゃんと、一番端っこの赤ちゃんのために、ドッグランとお花植えてみたり、お野菜作ったりして、この住まいの住民の皆の憩いの場にしたいと、管理会社に伝えたのよ!!!!

許可が下りたからね。先ずは雑草抜いてるの!!

へえ〜〜!!!!　そんな素晴らしい考案と提案に、もう雑草抜いてはる。

ほんまにいいんですか？？？

いいのよぉ〜息子はお庭使わないから!!　わたしも土いじりは初めての経験だから……。どうしたらいい？？？　何か考えてよ!!

この土の上に何か敷いた方がいいのかな？？？　ワンちゃんの足の事考えたら。

ワンコは土がいいですよ!!　雑草は、目につけばわたしも抜きますし。先ずは土を買ってきますわ。野菜用とお花と、両方に活かす土の種類あると思うからね。今度聞いて買ってきますね。

わたしも未知の事やから……色んな人たちに聞いてみます。

楽しみやね、ほんまに有難いです!!　隣の子もゆずも高齢犬になってきてるから……。

本当に助かります。

ドッグラン……設立!!!!!!!!

近いうちに、土を買って何を先にするべきなのか、ホームセンターの人に教えてもーらおっと。

そして、お仕事してから、下のせっちゃんに贈り物やろ。持病があられてお薬は欠かせないらしいと知り……。

そうだ、湧き水!!

2週間は佐賀に帰り、その次の2週間はこちらへ、せっちゃんちと下のIさんはネコチャン飼ってますので、お散歩は無し!!

お隣のSさんはこの前ワンコお散歩中に転倒し、怪我をされていたんですが、病院が怖いらしいので自らの治癒力で……完治されました!!

下のIさんは、この前リアンに初ご来店。この地区について詳しく教えていただき、本当にありがとうございました。

心強い大きな存在!!!!

前の住まいも、こういった形で仲良くしていただき、今もお散歩中に出会うと、立ち話が弾みます!!

仲間がどんどん増えて、関西弁のままわたしを受け入れていただき、本当に心から感謝の気持ちでいっぱいです!!

話が元に戻りますが、ヘロヘロ状態で体育館到着!! Rちゃん外に居て、わたしの姿見ただけで……ウケる。

「杉ちゃん何しとったと???　はよ打たんと終わるよ（笑）。りんご出してる場合やないと!!

そんなんあっち置いてはよ打たなダメよ！」

広島県から強豪選手が到来、福岡の強豪メンバーもおる。どこで打たせてもらお～かなぁ……。あそこやな（笑）。

新人戦出場のAちゃんはモデルさんのような美女。Sファミリーのコートで宜しくお願いします。パパもママも美男美女、娘も輪をかけて美女……。お孫ちゃんも美人なんやろうなぁ。でもね、コートの中では、相手が誰だろうが関係あらへんねん。本気、集中、自分のペアにボールを繋ぐ事‼　このコートで、ボレーなしを3試合。

楽しかったね‼

個々に課題、もちろんわたしもたくさんあります‼　克服していきましょ。

水分補給して、座らない‼　立ち上がる時、関節が痛過ぎる（笑）。ザ・更年期症状‼　受け入れてます。ありがとう。

ミキティペアよろ‼　あの人たちに挑戦状出しましょ（笑）。フリーで福岡代表によくなる壁の方々。ネットプレーは最強に上手い人たち。何でも取りはる人たちなんです。

わたしらは、挑むのみ‼‼　やったろぉ～～‼‼

まぁまぁいい感じの接戦やったけど、どーしたん？？？　相手チームのIちゃん、足が攣ったって、棄権した。代わりに登場したのが、全国常連のTちゃん。

結果どうなったか忘れました。

それよりも、棄権したIちゃんの足が気になり過ぎたわたし。

靴脱いで、靴下も脱ぎ、よし‼　はよ‼　足先触ったら、氷のよう……。外反拇趾も飛び出ていて、指が閉じたままやった足首も全く回らない。

コレは攣るはず‼‼　攣ってあたりまえ‼‼

「何でわかるんですか？？？」

「触ったら氷みたいに冷たいやろ？　見た目も指が引っ付いたままやないの。外反拇趾はいつからなった？　足が攣るようになったのはいつからや？」

「ずっとだから、思い出せない」

「この足では、全国制覇はムリやな（笑）、ペアの人にも迷惑かける。今からでも遅くないから何とかしなあかん!!

何となくマッサージしたりして少しは温かくなってきてるけど、長年この状態やったからね。

身体って何かおかしくなってきたら、信号必ず出すのよね!!　足が攣るって事も信号出してる証。

いつも攣るしって漢方薬一瞬服用しても、治ったふりしてるだけなんよね。

足先は、何で気づいてくれへんの？？？　外反拇趾さんもお怒りやわ、この人無視しはるって（笑）」

「そうなんだ、そうだったんだ……」

その次は……

「あら？？？　あれ⁉　どーしたん⁉　貴方も棄権か？　どーなってるのや!!　ほんまにかなん人たち（笑）」

「右足が攣りました！　痛〜いぃ……」

もうひとりの相方さん。

ちょっとちょっと待った待った、貴方達ペア揃って何やってんのん、ほら、同じように靴脱いで、靴下も早々《はよはよ》!!

わぁ、この人の足はめっちゃ温かい!!　ポカポカやけど……えぇ⁉　ここえらい固いで。こんな

きついサポーター、いつからはめてるのや？？？　怪我治ってるんやったら、こんなんサッサとはよ外さなあかん‼

ふくらはぎ触ったら半分柔らかくて半分カチコチ‼　そこを優しくマッサージ。ヨシヨシ。そして指圧。おぉぉ、直ぐに柔らかくなるね‼

あぁ……アレ⁉　ええ⁉　痛くない……治った‼　え⁉　何で何で⁉

緩んだけど、又固くなるかもね。

その後プレーした後もやはり又攣ってはりました。


この前初ご来店された下のＩさんも足先が冷たかった。紹介した鍼灸院に相談しに行ったらしい。そこで「狭窄症」と言われたらしいです。

狭窄症は完治します‼　足の冷えは少し治療期間が必要と言われたそうです。だから小まめに通院したいと仰ってました。

わたしは、鍼灸師ではありません。ただ、ただ過去に色んな人たちの身体に触れて、感じる事ができていたので。

がんを患って、リンパ腺の事とか、足に関しては過去のブログに投稿していたけれど、かなり痛い思いもしています。救急車に2回お世話になってますから。20針縫う大怪我、足が床につかないくらいの酷過ぎる捻挫、松葉杖……。

福岡に来てから2回も経験済み（笑）。片足でカット、片足で着付け。

今は、お元気過ぎます（笑）‼‼

その治療の経過も全部覚えてるから、苦しむ目の前の人に胸張って、しっかりと大丈夫ってお伝えできます!!　立ち仕事なんだから。

更に今は強化中です!!　素足が楽ちん!!　野生人。

ジャングルで野放しで暮らしても、青ちゃんやったら生きていけるなって京都にいた時に言われた事あったな。ほんまや（笑笑）。

ライオンが恋人♥　いや、手下、子分にしたる（笑）。


誰しも、右側か？　左側？　どちらか弱いですね。わたしの場合は、右側です。怪我や病気全部右側です。わたしもですが、自身の今ある身体と心に、目を向けてあげてください!!!

信号出してる事を早期発見!!　早期治療に徹する事。大病や大怪我にまでは繋がらないと思うので……。

老いを重ねると尚の事!!　お薬服用は酷い時だけに!!　治ってきて、完治したら、断薬!!　不安な場合は、主治医にご相談!!

簡単な事です。

赤ちゃんの時に、障害持って誕生したとしても、この身体でもこうして今を立派に生きているって事に目を向けて。心から感謝する事♥

旅行に行きたい、あそこに行きたいって、ワクワクしてドキドキして想像して、絶対行こう!!と決断した時、それが、誰しも持っている『治癒力』に……繋がるのです!!!

自分で治す力。

その治療は、いつでもできますからね!!　しかも、無料、「ただ」!!　どこでも行える!!と同時に、西洋医学療法ａｎｄ東洋医学療法を取り入れる事。ダブル治療。

ハイペースで完治に向かいます!!!!

パラリンピックの選手達、生まれつきの障害、事故、病気等で人生の歩む途中のアクシデントからの障害、どん底の暗闇から這い上がり、幸せな今を歩まれてますね。

自分をあきらめるのは早過ぎますよ!!!!　いずれ誰しもあの世に向かうのですからね。だから今を大切に、楽しく笑顔で歩みませんか？　わたしも一緒に歩み続けますからね。

一緒に……小走りしましょか???

え？　それはいらんて？（笑）　ウケた（笑）。

◇聞いた事ありはりますか？

聞いた事ありはりますか？　何を???って、自分の子どもに、『わたしってどんなお母さんで人なんか教えてくれへん???』って……。

久々帰省してくれた息子君に、初めて聞いてみたんですよ。そしたら、目の前に座ってた息子君は、わたしの目を見ながら両手を真っすぐに突き出しました。

えぇ???　それは何やのん???と尋ねると、そのままやん、真っすぐ!!!!

あぁ……真っすぐなひとって事か???

息子君は微笑みながら、うなずかはりました。

なぁ、真っすぐって、方向間違えたら危ないひとになるんとちゃうん（笑）。

自分の事はめっちゃわかってるつもりでも、人から見たらどういう風に見えてるのかというのと、また違うと思いませんか？

この前、弱って死にそうなモゾモゾ君（毛虫のことです）のお世話をしたやないですか。その翌日にたーちゃん（わたしの母、多江子のことです）が過ごしている施設に会いに行ったんですが、その時に何となく背中あたりがムズっと痒くなりました。昨日きちんとお風呂に入った時身体を洗っているのに、何で痒いんやろう？？　って思いながら……。

たーちゃん悪いんやけど、ちょっと背中かいてくれへん！とお願いしたら、えーよ、と言ってかいてくれはった時に、この手の感触久々やなぁ、ととても懐かしく感じてね。

あまりにも気持ち良過ぎて……。

たーちゃん！　もっとかいて!!

こうか？

そうそう!!　えーよ!!

そこそこそのへん……

めっちゃかくの上手いなぁ～!!　堪らんわぁ～（笑）。

もっと強く!!　そうそう!!　うわぁーーー寒いぼ立つわ（笑）、たーちゃん、かけばかくほどめっちゃ痒くなってきたんやけど、ブツブツなってへん？？

千加ちゃん、ブツブツなってるよ！

えぇ？？　やっぱり？？　めっちゃ痒いもん!!　ほなら、コレ塗ってよ!!

朝散歩の時虫に刺された時のために常備している、液体○ヒ様登場!!!!

わかった、とちょんちょんちょん優しく塗ってくれはった。たーちゃん、ありがとう。

千加ちゃん、そんな格好してたらあかんやん（笑）。

あぁ、施設の人入ってきてこの姿見はったら、ビックリしはるな（笑）。

ほんまや!!（笑）

ひと昔のかいてくれた手の感触よりも、年老いたからか、指の広げる範囲が狭くなりはったけど、痒い部分を外さないゴッドハンドは変わってなかった。

その夜に帰宅したら、身体中がめちゃくちゃ痒くなって、もしかして、とネット検索してみたら、その痒みは……モゾモゾ君の仕業？？　仕打ち？？

怖くなって、モゾモゾ君には大変申し訳ないんやけど、多めの葉っぱの食料を箱の中に入れました。そしてビニール袋に入れて玄関の外に移動。

ほんまにごめんね。

そしてその翌朝、わたしお休みの日で、天気は晴れ予報だったので、自宅から数メートル離れた所に移動しました。

そう、モゾモゾ君、早い旅立ちの準備時間。ここなら、箱から出動しても生きていけるはず!!

翌日の帰り道、モゾモゾ君の姿がありませんでした!!　……見事旅立ち。

そして皮膚科に行こうと思っていたんですが……。このモゾモゾ君についての情報を伝えてくれはったお客様と、湧き水ポリタンクを京都に郵送してから、ランチに行きました（笑）。

そして、バウンドテニスからの弓道、帰宅。痒みはちょっとあるけれど、様子見て木曜のお休みの日に行く事にしました。

モゾモゾ君のおかげで、病院送りになったかもしれないけれど、たーちゃんに背中を久々かいてもらえた事、お悩みあられたお客様と美味しいランチを食べて、笑顔貰えた事。怪我をした左手の完治も早くて、バウンドテニスも弓道も休む事なくできましたし。

いう事なし（笑）!!!!

お休みの日に皮膚科に行ったら、モゾモゾ君の仕業ではなくて、蕁麻疹でした。

その先生、初めましてやったんですけど、めちゃくちゃオーバージェスチャーリアクションおおきくて、びっくり!!し過ぎて、ウケ過ぎて、大笑いしてしまい……拍手喝采、他にも聞きたい事があったのに、スッカリ忘れてしまった上、ありがとうございましたぁ!!!!とぺこり後……

え？　アレ？？　へ？？？　待合室どこやった？？

さほど広くないスペースやったのに迷子!!!!　迷い込んだ先、受付室。

あ！　すんません、迷子になってしまいました。

待合室はこちらですよ。

ありがとうございました（笑）。

ママ友が通っているこの皮膚科、彼女はとっても笑い上戸やのに、先生のオーバージェスチャーリアクションに対しては笑わないとの事。

何でや？　耐えてるのか？？

耐える!!!　だって先生だからね。

耐えれるか？？

チカさんもしかして、笑ったの？？

笑うどころの騒ぎやあらへんやんか!!!　拍手喝采して椅子から転げ落ちそうになったわ（笑笑）と言う始末でした。

お薬苦手なわたしは、未だ処方されたお薬服用しておりません。今は蕁麻疹出てないので。

モゾモゾ君、この極寒と冷たい風に耐え凌げてるのかな。頑張って成長し立派な蛾ちゃんになって幸せになってもらいたいです。

◇心が酔いしれている

今朝は珍しくYouTubeからの演奏を聴きたくなり、この方（辻井伸行）が登場!!!!

コンビニのお姉さんがオススメだったのは、確か『ラ・カンパネラ』でしたかね？？？？曲が始まった瞬間から、寒いイボ。

リサイタルのチケットGETは無念に終わりましたけれど、自宅でこのような素晴らしい音色を聴けるやなんて、めちゃくちゃ贅沢な世の中です!!!!

もう、お尻に根が生えて、おトイレにも行きたくありません。

拍手喝采同じようにしてる人、あぁ、すいません、つい。溜め息が止まらない妄想族のわたしをお許しくださいませ。

深夜まで、執筆に徹しました。

その後、引っ越ししたいとの知り合いの方へ、知り合いの不動産の管理会社の社長様に引っ越し依頼をお願いしたりいい感じに流れが進んでいますね。

お互いが喜ばれるって事は、一番、えー事です!! そんな橋渡し、昔からよくしていました。他業種のお仕事されている人たち、たくさん知り合い存在しているので。ほんとに心強い助っ人様たちです!!!!

人は、宝。

人脈とは……。

人と人が繋がり、それが線となり、それが集結し、シッカリと結ばれると、大きな大きな

ＷＯＲＬＤとなるのです‼

わたしの所属しているＮＰＯ法人、ヘアエピテーゼを立ち上げたトップの方は、わたしたちにそのことを伝えてくれていたし、ひと昔前にわたしのサロンで乳がん患者さんの茶話会を開催した時にも、（既に天国に旅立たれましたが）ある方が仰っていました。

その方はわたしの事を、亡くなった妹にそっくり‼　とても身近に感じるから、色んなムリを伝えてごめんね、って言ってくれていました。

わたし自身、５年間近く心身が芳しくなかったため、そして、コロナ禍もあり……。

来年度あたりから、乳がん患者様のランチ会、脱毛症患者様のランチ会、再び開催したいと前向きに検討しています‼

最近、知り合いの人たちから、色んな飲食店やホテルのランチ等、教えてもらえるので、とても有難いです‼

公共機関にお世話になる事があまりないわたしですが、マスクされてる人たち少なくなりましたね。これからはインフルエンザや風邪引きさんも増える時期なので、開催するのは季節が変わり暖かくなった頃かな……

ランチ会、やりましょうね‼‼

同じ辛い経験をされた女性たち、美味しいものを食べながら、語り合いましょう。元気とパワーを、タダで頂ける（笑）。

人の力は、素晴らしいですね‼　嫌な想いをする以上に、皆さんも楽しく、ワクワクした思い出の方が多いと思います。

視点をそちらに向けたら、心が和み♡心が癒される♡

そして、自然と笑顔になれますね。人との出逢いが、これからもたくさん訪れますように。

辻井氏の曲を聴きながらこうして文字を打つと、わたしまで心が弾みます。

わたしは自分の聖域、Sanctuaryを、Xmasにチェンジしてきます!!!!

帰宅は又深夜になるのかなぁ……


秋空。

糸島辺りに所在する雷山千如寺悲王院、この聖域は……心震えました♡

数年前から、わたしの顧客の多くに、杉本さん早く行って行って!!と言われ続けてきたのですが、階段がすごい大変と仰っていて、ゆずちゃんは同行できるのか?と考慮していました。わたしの勝手な想像では、雷山↓山↓岩の階段300段?位↓ゆずが腰を痛める……。

実際は靴を脱いで、木造の階段を少し上るって事で、わたしの勝手な想像の事を住職さんに伝えたら、えらい大ウケされていました(笑)。

そんな階段だったら皆さん絶対参拝されませんよ、と笑いながら言われました。

わんこたちの入室はアウトです!! 何度でも訪れたい聖域ですねぇ。

わたしは亜未ちゃんとまいき君と一緒に参拝させてもらいました。本堂はお写真撮影禁止になっていますよ!!

本堂、素晴らしいです。心♡震え上がります!!!! ほんまに!! 凄いです!!

最後、閉寺されるまでいた、しつこい3人組。境内の御守り等購入できる所でお勤めされている年配のお婆ちゃまから、

「長年このお寺で勤めていますが、毎日観音様のお顔が違うの。それは多分、わたしの心が毎日違うからかもしれないわね。

そして、人間誰しも苦難が必ず訪れますが、それは捉え方一つで、苦難とは思えなくなりますからね。良い方に捉えるように‼

捉え方一つ、そして…最後のお別れの時に……

こんなおこがましい事を偉そうに伝える事を、本当に許してね！

この先行き、色んなお寺や神社にご参拝されると思うのだけどね、ここはお寺。鳥居があるのは神社なの。でね、気になったのが、参拝の仕方、なんだけどね。

お寺はそのまま手を合わせて拝むのね。神社の参拝は二礼二拍手一礼。貴方達は、神社の参拝のやり方してたのよね（笑）」

あぁ～～っ‼‼‼

54歳にして、今気づきましたわ‼‼ 教えていただいて本当にありがとうございます‼ せっかく参拝に来ているのに、他の人たちから笑われるからね（笑）。

わぁぁ……恥かきやぁ‼ ほんまに、誰ひとりと手をパンパン叩いてる人、居ませんでしたわ（笑）。皆で、大笑い（笑笑）。

又参拝しに来てね。

素晴らしい御指摘を頂戴した親子達でした（笑）。

◇スケート界のプリンス

著名なスケート選手、離婚表明。

深夜、読みました。ほんまに悲しい事です。

この今ある世の中、はっきり言って狂ってる。そう感じてる人たち、どのくらいおられるのでしょう。

誹謗中傷、ストーカーに近い行為……。

このお二人を祝福してあげる事が普通にできていたなら、離婚には至らなかったはずやのに。

この選手を好きで堪らない方がこの方の幸せを奪った、としか考えられなかった。

こうしたブログもですけど、SNS……。色んな情報を知ることができて有難いなって感じる事たくさんありますよね。その反対に、このような始末。

ネットでの仕打ちで命落とした芸能人の方々、多くおられます。

そのような悪意行為は今後一切止めてね、との心からのお願いと引き換えに、尊い命を捧げられた。心の汚れのない人たちが犠牲者になっている……。

恐ろしい世の中なのです。

ほんまにおかしいこの世の中。

ある方から数ヶ月前に、このようなお話聞きました。来年度から、天国と地獄の2択に変わると。

その誹謗中傷、ストーカーに近い行為された方々は、おそらくどちらかわかりますよね。

さようなら。

人を傷つける人たちには、明るい未来など訪れません。

わたしはどちらに行くのかはわかりませんけれど、人を傷つける事はしません。たとえ人に傷つけられたとしても。

そして、わたしの場合は、その悪意ある行為に対して、見過ごす事はしません。どんな相手であろうと、心から正々堂々と向き合います。

相手の事が憎いとか嫌いとかではありませんよ。正しい事を伝えるだけです。反撃されたとしても、貴方を思うから伝えているんだと、とことん向き合い続けます。

その行為の事を、相手が可哀想とか、反対に殺されるよとか、過去生きてきた人生の中で何人もの人たちから言われてきましたけど。

たとえ殴られて病院送りになったり、最悪命落としてしまったとしても、それは自己責任なので、後悔何一つありません。

病院送りになっても必ず完治しますし、命を落としてしまったら、それまでの寿命だったと思うので……。

そうならないために、相手の心に響く言葉を選び抜きます。

ただ、悪意行為を繰り返す人たちに、人として大切な事をいち早く気づいてもらい、生まれた時のような本来の澄んだ心を取り戻してもらいたいのです。

じゃないと、貴方がずっと生涯もがき苦しむ事になりますので。

それは嫌でしょう?

最近も、その方の大きな勘違いから、この大嘘吐きがぁ〜〜〜っと怒鳴り罵声をめちゃくちゃ浴びせられる事がありまして。わたしは何一つ思い当たる節なかったので、反撃しました。

だって何もしてないのに、アホみたいに怒鳴り散らして大嘘吐き呼ばわりされましたから。逆ギレ、その仲裁の方がオロオロ……。

勘違いされてませんか？？　ゆずちゃんは、めちゃくちゃ震えて怯えてますけど……どうしよう……。

その場面、少し離れた距離から知り合いの方が怒鳴り合う声を聞いておられまして。

貴方は流せないひとなのね。アレは子ども同士の大喧嘩よ（笑笑）！貴方のエネルギー全て使い果たすわよ。身体がいくつあっても足りない（笑）。

結果、わたしは怒りのエネルギー勃発から……寝込みました（笑）。

その勘違いした人からは、謝罪のお電話頂きました。そして、高速道路走っている時に電話かけた事も大変申し訳なかったと。

今後このような事が一切無いように気をつけていきます。申し訳ありませんでした。

わたしは……わたし自身も大人気のない返答をしまして、申し訳ありません。人間誰でも勘違いはしますからね。わたしも気をつけていきます。今後も宜しくお願いします。

今度直接お話する時は、普段通りSmileで御挨拶します‼　それがわたしの掟やからね。無視する勇気は１ミリもありません。

そんな人だから、息子に「真っすぐ」と言われたのでしょうね。このわたしの変なブログを愛読してくださる方々は、わたしと似てはる人たちやと思うので、お願いやから、あの選手の事を見守ってあげてください。

大切なひとを守り続ける事が厳しいという未来の予測から、悲しい選択、離婚……辛過ぎます。

来年度から始まると言われている天国と地獄の２択。違う意味で、この汚れ狂った世の中が大きく変わっていくのなら、めっちゃ楽しみやわ。
世界平和　LOVE♡　PEACE♡
Happy load.
わたしは……諦めへんで‼

◇珍事件からの出逢い

皆さんこんばんは。２日ぶりのご無沙汰ブログへようこそ。

この２日間で、多分顔のシワが１００本ほど増えたんやないかなぁと思う位、笑いました。

夜寝る前にこのブログを見るんだ！と仰っていたお客様。時には笑い過ぎて、目が冴えるらしいです。そんなに面白い事書いてるかなぁ〜？？？

皆さんはどー思いますか⁉

無になる弓道帰りの癒しのひと時。とあるコンビニ様へ。ご想像の通り先ずはお例の処で花を摘んで、気持ち爽やかに。そして、その扉を開けると本のコーナーへ。自分とお客さんが喜ぶ新作はないかな？？と、直感が働かなければ潔くスルー。

この楽園の店主さんは年配の女性の方でした。

「いつもうちのアルバイトの子たちがお世話になって本当にありがとうございます。何だかとても懐いてるようで。ごめんなさいね」

その言葉にわたしはとても驚きました‼　今のヘンテコなこの世の中、この子たちには余計な事は今後一切やめてください‼ってお叱りの言葉を言われるのかな？と覚悟してたのに。お礼の言葉やなんていいのかなって心の中で思いながらも……。

いえいえ！　いつもわたしの方がこの子たちに癒されて、元気貰ってるので、こちらこそ本当にありがとうございます。と、返答しました。

あめちゃんあげてるだけやのに、その事を店主さんに話していた事にも驚きました‼

その中の１人から、今度お店に髪の毛切りに行ってもいいですか？って尋ねられて、遠いからやめとき！って伝えても、余裕です‼って。

更に、執筆はちゃんとできていますか？　とか、今日はキチンとお仕事してきましたか？　とか、あれこれ伝えてくれる事が、わが子のこの世代時代を、とても懐かしく思い出せる感じで、母性がこんな風に、あれこれわちゃわちゃ話してたなぁって、寄り道後の帰り道にやけながら帰宅。

ある日１号君から、２号君の自転車のカギが盗まれて、車輪に付いているカギの元をこの工具で壊しに行くと、寒空の中、薄着で外に出ていきました。

とても風が強い日だったので、何となく心配になってその様子を側で見ていましたら、暗闇の中、ドライバーでネジを外す行為をしていました。

「こっちの明るい場所に移動しよ‼」

ちゃんちゃんこ着てたわたしはその１号君に、寒いからコレを羽織って‼と手渡すと、いいのですか？？

「えーよ早く着なさい!!」

「はーい、めちゃくちゃあったかいです！」

「昨日○○で買ってん。息子にも買ってあげてん」

「いいなぁ〜」

「わたしもそんな風にネジ外した事あるわ!!　お姉ちゃんと。思い出したわ。このネジ外した瞬間!!　よっしゃーって張り切ってん」

「でその後はどーなりましたか??」

「……ごめん……忘れたわ（笑笑）。どっかに持っていったんとちゃう?·?·」

「だから、ネジ外れてもその車輪に付いてるこの硬いステンレス外さないとあかんやん!!」

1号君は店内に戻り、ペンチを持ってきて必死に頑張ってはりましたが……。

「無駄な抵抗はやめた方が身のため、やめとき！　やめよ!!　要らんエネルギー使うな!!（笑笑）」

「うん、やーめた、やーめよ（笑笑）」と、放置……。

店内で業務再開した1号君、めちゃくちゃお仕事できはる人、やり手。お客様に必要な言葉かけ、めちゃくちゃしてる16歳の1号君。

イートインで偶々遭遇したシングルマザーさんと、三姉妹の可愛い女の子たちと、5人でわちゃわちゃ話し込んで笑っていたら……。

えぇぇ!?　もうこんな時間!!

1号君2号君があがる時間帯になってしまってた。例のカギの壊れた自転車の事を思い出して、2人を待っとこ。

2人があがり、目の前に来ました。

「この自転車乗って帰れへんやん！　どーやって帰るのや？？」

「担いで帰りますよ。学校の帰りも駅からここまで担いで来ましたから」

「えぇ？？？　コロコロ前輪だけしんと、あんた、担いだん⁉⁉　2キロぐらいあるのに⁉⁉」

「はい、めちゃくちゃキツかったです」

「元野球部やのに、そのキツいトレーニング以上キツかったんとちゃう（笑笑）？？？」

「いやぁ～～ほんとにキツかったぁぁ。こんな事経験した事ないですよ‼」

「そやのに、同じ事又するつもりなんか⁉　バイトして疲れてるのに……」

「それは……仕方がないです」

わたしは1号君に、

「あんたも手伝って‼　この車に自転車積み込むで、早く‼　早くぅ‼‼」

2人は、えぇ⁉⁉⁉　って、目が点になってましたけれど。

わたしの息子君が学生時代、お母さん助けて‼　パンクしたみたい‼　とか、自転車壊れたから迎えに来て～～‼　とか、年に数回ｈｅｌｐ　ｍｅ‼　でしたからね（笑笑）。

もう、ほんまに……慣れっこだった訳です‼


1号君と2号君はわたしの命令に即従うのでしたが、1号君はこんな事って初めて‼ってお腹抱えて大笑い。そして携帯片手にカシャ、そして、2号君もカシャ。

「そんなん撮ってないではよ手伝い‼　笑ってないで‼」

「ほんまに、帰りが遅くなる‼　親御さん心配しはる‼　早く‼　早く‼　早くって‼‼」

過去の時よりも……荷物たくさん積んでたので、積み込むのが厳しいかな?と一瞬考えたけど、数分で作業終了。

1号君がお先に、そして元野球部、ガタイがガッチリしてて、この事も少し気がかりでしたけど、

「まぁ、どっかの隙間に潜り込んでよ!! ドアが閉まれば余裕!! どーや? 潜り込めたか??」

「はい!! 何とか……潜り込めました(笑)!!」

「運転できますか??」

「余裕!! 行くで!!!! ナビ宜しく!!!!」

「はい!! 任せてください!!」

「ずーっと走行していったら、前を走っているのは1号君やんか(笑笑)」

「ほんとだ!!(笑笑)」

「1号君を誤って轢いたら刑務所入り(笑)。そうならないようにゆっくり安全運転!!」

「それ大切ですね!!」

1号君に、「ヤッホーーーー!! 気をつけて帰りやぁぁ~~バイバ~~イ!」

そして進路変更。

「何とか台って、もしかしたら山頂上とか???」

「まぁ、そんな感じの住宅地ですね」

「ちょっとぉ~コレめちゃくちゃ上り坂、うわあゎ、めちゃくちゃ長い上り坂!!!!!! ひやぁ~~この急斜面!!!!!! あんた、このヤバい坂道、毎朝毎晩自転車通学ってある意味野球部のトレーニングやな(笑)」

「まだまだコレが続くんですよぉ〜」

「ほんまに、ご苦労様やな。そやけど、あんた座れてるんか⁉」

「やや中腰気味ですけど、少しずつこの体勢に慣れてきました‼」

「ちょっとあんた……ゆーっくりお尻下ろしてみ？」

「あ、はい‼」

「どーや？　お尻は？？」

「お尻つきました‼」

（笑笑笑笑笑笑笑笑笑笑）

「ほんまに、コレって正にアレやんか‼　珍事件‼‼　間違えないわ（笑笑）」

「珍事件ですよね」

「ここをママチャリ担いで帰ってたら、ほんまに夜が明けるわ。あぁぁぁ、笑い過ぎてほんま、お腹痛すぎる（笑笑）」

「僕もです（笑笑）、本当にありがとうございます」

「もー直ぐ着きますよ‼」

「そーか‼　わかった」

「ここですよ‼」

「誰かいはるで‼」

「一つ年上の幼馴染の子です‼　自転車取り出すのに手伝いに来てって連絡していたんで‼」

「あんた、ボーっとしてるのにやれる子やったんやな（笑）」

「はい‼　一応」

3人で自転車をせーのっ……

ハンドルそこ、引っかかってるで!! 角度変えて!! そうそう!! そのまま行こ!! えーよえーよ!!

自転車君、無事救出!!!! 過去最大に高タイムやったわ!!!! 学斗に伝えなあかん（笑）!! 自慢したろ（笑笑）。

するとか2号君がいきなりシャキっと、きをつけ!! 直立不動の姿勢して立ってはる!!

「生まれきて初めて、こんなに優しくしてもらえたのは初めてです!!!! 本当に本当にありがとうございました」

「ちょちょっと待って!! そんなん言うのやめてってほんまに、かなんわ（笑）。こんなのは普通の事!! 普通やねんで!!」

「いぇ、そんな事ないです!!!!!!」

「そうなんかなぁ。まぁそんな事はどーでもええけど。あのバイク誰のやつ？？？」

「僕のですよ」

「めちゃくちゃカッコええやんか!!!! ヤバない⁉⁉」

「ヤバいでしょ⁉ 本当に宝物なんですよ!!」

「そらそうやろぉ!!!! 新車で買ったん⁉」

「いえ!! 中古ですよ」

「ほなら、あそこの大きなバイク専門店で買ったんか？？？」

「そーです!! そーです!!」

……とバイクについてえらい話が盛り上がって、車検とかオイル交換とか、わたしのお客様のパパがオーナーしてはるバイク屋さんを紹介しました。

「……なぁ……わたし……何でここに来たんやろか？？　バイクの話しに来たんかな？」

「違いますよ!!!!　あの自転車……（笑笑）」

「あっ!!!!　それやった（笑笑）」

３人で大笑い。じゃあ又ね。

翌朝、２号君と幼馴染と１号君から、お礼のＳＮＳメッセージが来てた。

自転車の元の鍵のステンレス切ってくれはる所、どこかなぁ？？　指輪が外れなくなったら消防署で切ってもらえる事を何かの記事で読んだ事あったから、消防署にお電話して事情を伝えてる途中。

職員の方が、

「あのぉ、ここは消防署だけど、お電話かける所間違えておられませんか？」

「いえいえ!!　消防署さんにお尋ねがあってお電話かけたんですよ」

「わかりました!!　それで？？　その続きは？？」

「指輪が外れなくなったら消防署の方に切ってもらえると記事で読んだ事があって、その自転車のステンレスも同じように輪っかになってるから、もしかして切ってもらえたりするのかなぁ？？とお尋ねのお電話かけたんですよ」

「なるほどね!!　同じ輪っかですからね（笑笑）。でも消防署じゃなくてね、自転車屋さんにお電話かけたら大丈夫ですよ」

「そうなんですね!!!!　ありがとうございました。今から自転車屋さんにお電話かけてみますね!!」

そして速攻、自転車屋さんへお電話。事情を最初から伝えたら、担当のお兄さんがめちゃくちゃウケて大笑いされてまして……。

盗難自転車ではない事を確認するための書類提出と、本人確認できるものが必要だけど、料金は550円で直ぐに切ってもらえるとの事。

このような大型店舗の自転車屋さんは大概できるとか、個人の自転車屋さんはどうなのかはお問合せされた方がいいですよと、丁寧なご説明!!

2号君はバイトの日だったので、幼馴染にメッセージアプリで伝えたら、僕がぶっ壊しましたよ!! 元々工業高校卒業生なので(笑笑)、工具アレコレ持ってるしね。少し手こずりましたけど……あの珍事件の翌朝から乗れてます。

良かったわ!! 廃車とかなったら可哀想やもんな。

本当です!!

その事を又自転車屋さんのお兄さんに連絡したら、とても喜んでくれて、ご苦労様でしたね、と笑ってられました。

その次はバイク屋さんに連絡して、車検の値段とオイル交換はどのくらいの距離でするのか?リッターいくらになるのか?と尋ねて、今後愛輪にかかる維持費がどのくらい必要なのかを確認しました。めちゃくちゃ気になるし、不安って言ってた事、思い出したからね。

バイク屋さんから教えてもらった金額諸々メッセージアプリで伝えたら、ものすごく有難いです!!!! って、お返事何度も(笑笑)。

この珍事件からの出逢いって、あの子の自転車が何もされていなかったり、いつものように弓道帰りに寄り道した時、滞在時間が数分間やったら？？？

出逢えていなかったって事やね。

じゃぁ、あの子の自転車のカギを盗んだ犯人さんの事を、許さないとあかんって事かな？（笑）

そーですね、許しましょうか？？

許すし、感謝しておかないとあかんな!!

ほんとに。僕はめちゃくちゃ有難かったです!!


この珍事件の事を長々と亜未ちゃんに伝えたら、とても喜んでくれてね。

亜未ちゃんやったら同じ事してるやんな？？　それって普通の事やんな？と尋ねたら。

お母さん!!　今のこの時代、普通の事ではないと思うよ。わたしでも躊躇するかも。他の人やったら、お母さんみたいな事まではできひんかもしれん。多分ものすごく嬉しかったと思うよ!!　これからもこの子たちと仲良くしてあげてや。

うん!!　わかった!!　あの子たちを大切にしていくわね。

そうかぁ、そんなもんなんかぁ。わたしは普通やと思ってたけどね、しょっ中あんたらの自転車や京都のスタッフの自転車運んだよねぇ。前の軽自動車も今の車も、ほんまによく頑張ってくれてる!!　ありがとう!!　ほんまに。

よく運んでもらったの覚えてる。わぁ懐かしいなぁ。

しょっちゅう助け求めて車に自転車積むのをあたりまえにした学斗には御礼と……過去最大級の高タイム出した事自慢せなあかん（笑笑）。

長々と綴りましたが……。

こんな、アクシデントの珍事件は、一家にとって日常茶飯事!!!! その筆頭に立つ reader はわたしなので。

経験とは素晴らしい、って事になるのかな?? あの子たちの純粋な心♥ 今時珍しいなぁと、頭が下がるわたしだった。

コレからも宜しくお願いします。

2号君は大学進学決まったし、車の免許取得許可も貰えたらしいから、もう会えなくなるかもやけど、繋がってるからね。何か困った時は、連絡待ってるね!!

1号君以外の3人は（流れ的に2号君以外がわからないので、誰なのかここでも軽く紹介お願いします）少し変わり者??

天然、いじられるひと、純粋、単純単細胞。

年齢は皆違うけれども。似たもの同士。

類は友を呼ぶ。

今日から……12月ですね。師走。この前夏やったのに（笑笑）。

多忙が済めば、数字苦手なわたしの恐怖、確定申告提出!!!! 溜まってる、溜まり過ぎてる、過去最大級……。試練開始や（笑笑）。

インフルエンザ、コロナ、風邪。

お互いに……ご自愛していきましょうね!!

一番の犠牲者&神様（笑）。
happy load

◇とことん……珍事件

先日、珍事件投稿しましたけど、実はその後えらい事になってたんです‼

その夜に、明日郵便局から郵送しようと思っていた荷物を、コンビニからでも郵送できると思いついて即行動。

手紙も書かないとダメやなって事でまだ早目の時間帯だったから、郵送物の追加と便箋買いに行ってから、楽園に行ったわけです。

わたしが訪れた時のバイトのメンバーは、2号君と、年配のおじ様○○さんでした。

少し食べ物を買って、手紙をサラサラっと書いてました。こんな人はあまり見た事ない光景でしょうが。梱包するのにガムテープをお借りしました。ありがとうございました。

梱包する段ボールは、追加商品と便箋を買ったお店の方がバッチリ捧げてくれはりましたので、あめちゃんじゃなくて本気のチョコレートを捧げました。段ボールをほんとにありがとうございました。

手紙書いたり、梱包したり、その間で予約のSNSメッセージを頂き返信したりしていたら、2号君と○○さんが上がる時間になってたけれど、レジは○○さんがしてくれてました。段ボールの

寸法測ったりややこしいやつを手際よくされていたのを、真横で2号君がボーッと立って見ていたので、つい、このお口が開き、

ちょっとあんた、何ボーーーーっと横で見てるんや？？？　ほんまに！　まだこのややこしいやつできないんやろ？

あ、は、はい。

夜は、この作業のレジは少ないし。やれるチャンスないから仕方ないかもやけど、今お客さんわたしだけやからさせてもらったら？　ボーッと見てるんやなくてぇ、手帳に書いて覚えるとか何とかせんと、覚えられへんよ！

……ほんまにウケるわ。美容師の後輩ならメモ帳必須やで!!　ここはコンビニやけど覚えるって事は同じやねんで。

優しい○○さんは、2号君に

やってみようか⁉

え!!　いいのですか⁉

わたしは急がへんから、ゆっくりやらしてもらい

ほんとにありがとうございます。がんばれ!!

○○さんの指導のもと、レジが滞りなく済みました。その時に、鳥のうま塩何とかいうのも注文。それは2号が作ってくれてました。というか、10分前に作り終えてはりました。ウケるわ。

支払いを済ませ、パクッと一つ食べたら、んんん？　ん？　こ、コレは!!!!　2号を待ち伏せしてお尋ねしないとあかんなと感じました。

2号君、お疲れ様でしたぁ！

やった感ありありのスマイル!!　ヤッホー!!　って感じです（笑笑）。で、うま塩何とかを2号君に食べてもらいました。

「どー思う？？？　いつもこの味付け？」

「めちゃくちゃ、塩っ辛いです!!!!　すみません」

「この前ポテト僕が作ったの、全然塩の味がしないよって言われて、1号がフォロー入ってくれたの思い出して。マニュアルの量の1・5倍振りかけましたけど、コレは、酷すぎますね!!!!」

「ちょっとほんまにあんた、ウケるわ、お腹痛いぃぃ～～!!!!　やめてほしい！　ほんまに。そやけど、わたしの事を気遣ってのミラクルの調合やったんやね」

「はい!!　喜んでもらえるかなと思って……。やり過ぎたみたいですね（笑）」

「いつもこんなに塩辛いのお年寄りのお客様出してたら、翌朝病院で採血あったとしたら⁉　病院送りになるやろ（笑笑）。

　クレームの恐れあるから、そうなると一生懸命頑張ってるあんたが可哀想やし、つい心配になって、確認したかっただけなんよ（笑笑）。で、このぷつぷつしてんのも塩なんかな？」

「コレは歯応えがいいように、味はついてないものなんですよ」

「そーなんや、そやけど、ほんまにどこまでもあんたって、可哀想なくらい鈍臭いんやろね（笑笑）。1・5倍って、ほんまにウケるわ。それで素直で正直やから救われてるけど、生意気な子やったら、速攻アウトやろ（笑笑）

　失敗は成功のもと!!　でもしばらくバイトお休みになるんやね。教習始まるし……」

「そうなんですよ。しばらく会えませんね。本当に色んな事をありがとうございました」

「しっかりがんばりね、とにかく楽しむ事よ!!」

その時に、キュルキュルキュルキュルーーーーーって音がした。わたしと2号はギロリ。

「あの音ヤバいやつや!! あの車乗ってたの○○さんやな!?」

「そーです！ ○○さんが乗ってる車ですよ!! 何がヤバいんですか？？？」

「車のエンジンの中にあるファンベルトっていうのがあって、劣化したらあのキュルキュル音、車が泣きはるねん。たまに泣いたり泣かなかったりするから、大丈夫、平気！って見過ごすと、大惨事になるんよ!!

わたしもその実は経験してて。大惨事に至らず交換し助かったけどね。あのまま走行し続けてたらほんまにヤバい事になる!!!!

その説明、多分あんたは上手くできひんと思うから（笑）、メッセージアプリに説明しやすいように書き込むから、○○さんに即伝えてくれる？」

「わかりました!!!! 僕に任せてください!!」

「○○さんと愛車を救う会勃発やなぁ!!!!」

「ほんとです!!!! やりましょう!!!! ○○さんと愛車を守り助けましょう!!!!」

って、天然記念物の2人で燃えていたわけです。闘魂！

で、次の日の夕方に2号からSNSメッセージが来てて、
昨日はありがとうございました。○○さんの事は任せてください!!

って書いてありましたが、よく考えてみると、2号は教習所に通うからしばらくバイトお休みになるのでは?! その事を伝えたら、1号に伝えときますって。

おいおい、1号は何の事かサッパリ意味不明になるやろ？？？ その返信しても、いつもタイミングが合わず、既読つくのは数日後。息子の学斗も同じだから、あてにならへん。

ヤバいなぁ。〇〇さん大丈夫かなぁ。とりあえずコンビニ行こ!!

おられたら直接お話ができる!!!!ってか??　わたしってここのスタッフ???(笑)　美容師やし。

まぁえーわ。とりあえず行こ。〇〇さんが出勤してますように。


初めましての3号、16歳の僕りんと同い年の男の子。

「〇〇さんはしばらくシフト入ってませんでした！　7日に出勤で、夜は違うお仕事夜勤でされてますよ！　メッセージアプリもしてません。1号呼びましょうか？」

「1号は呼ばなくてもえーよ！　お仕事してもらってて大丈夫!!　その説明の手紙書くから、〇〇さんが出勤した時に、見えるように貼っててもらったりとかできるかな？」

「できますできます!!!!」

「わかった！　ありがとう」

ファンベルトのキュルキュル音の事、格安で丁寧に修理してくれる知り合いの車のお医者さんの名刺をコピーして貼り付けました。

その時点で又、1号3号が上がる時間帯にその経緯を1号に伝えたら、

「杉本さん！　そうしてもらえて良かったです。説明とか僕は車の事よくわからないから」

「ちょっとぉ、毎晩連続でわたしめちゃくちゃ無給で働いてへん???」

「ほんとに、よく働いてくれてると思います(笑)」

「ほんまに2号は、やらかす人やから……。手がかかる、素直で正直で可愛いから許すけどな。この紙持って立ってくれへん？」

「こんな感じですかね？」

「そうそう!!　2号に報告しとかなあかん!!」

「なんて報告するのですか？？」

「決まってるやんか!!　指名手配（笑）。事務所に貼ってもらう事になったぜ!!」

1号はクスッと笑ってました。

そして翌朝、のんびりマイペースの天然記念物2号より、
おはようございます。ありがとうございます!!　これで○○さんの命は救われますね（笑）。

今日は何日ですかね？？？

5日の火曜日、後2日もある。7日は弓道のお稽古やから、○○さんと会えるやんか!!!!（笑笑）

行ったり来たり、本を購入した時のカバーの用紙に必死に書きました。そんな事必死のパッチにしてるから……。まーえーわ。

仕事がめちゃくちゃできる1号は、今週わたしのお客様となってくれはります。

カットのオーダーは？？

普通でいーです！

普通。一番難しいオーダー到来。少しクセがあったよーな？　なかったよーな？　イメトレせなあかん。

1号の普通というオーダーについて、イケメンに仕上げたいが……息子と同じよーにワックスとかアレコレ付けてしないタイプやからこそ。

寝癖取ったら、自然乾燥でもまとまる、できたら、イケメンに仕上げたい!!　この事も報告させてもらいます!!　お客さんがお客さんとなる？？？

わたしのサロンの顧客になってしまうと、必然的にファミリーになりますから。可愛がってあげよう。

美容師のわたし、本気を見せたる!!

第４章
余命宣告

今……身近な人が
余命宣告を受けられてる方へ
Heart of respect 尊敬する心

わたし自身のがん、そしてメッセージ

今、身近な人が余命宣告を受けられてる方へ。

この事は、わたし自身が去年経験した事です。自身のお客様が涙を流されて、伝えてもらったある言葉がきっかけで、いつか、このブログ……自身の書籍にも綴りたいと心に決めていました。

わたし自身ががんを経験した時から、よく「がんを患った方に対してどんな風に接してあげたらいいのでしょうか？」と相談を受けました。

率直に！　今までと同じように接してあげてください。

「頑張って!!」との励ましの言葉は要りません。本人は一生懸命、病と向き合い必死に闘っているのですから……。ただ普通に今までと変わらずに、本人が望まれた事に対してだけ、しっかりと耳を傾けてあげてください。

後は自然の流れに身を任せればいい方向に必ず向かわれますので、心配無用。大丈夫ですよ。


わたしの父親、猛さんの余命宣告は、5年位前から何となく伝えられていましたが、ハッキリと宣告を受けたのは亡くなる前の年の年末でした。

来年1年持てば良いところと、京都の主治医から直接電話で伝えられました。

遠いですが、どうか、力になってあげてください。そして。後悔が無いようにと……。

第4章
余命宣告

その時は、息子の学斗も大変な時で、頭を悩ます心配事が度重なりました。わたしが最優先したのは、身近にいた息子の、突然片目の視野が狭くなり見えないとの事。

暗黒時代の石のわたしは……動きまくりました。

運良く福岡市の有名な眼科へ即紹介していただき、その日に受診できました。

その事は過去に投稿しています。


去年の3月19日、弱り果てた猛さんと共に、福岡へ戻りました。

京都へ帰省して2日目の深夜。今後お父さんをどうしてあげるべきか？とずっと考えていて、このまま離れて暮らしていたらあかんなと限界を感じました。


誰かに大きく背を押された不思議な感覚でしたが、決断した瞬間的に涙が止まりませんでした。

3日後に父親を連れて帰ると、関わる人たちへ突然伝えたものですから……。

実家の近所の方々の方が驚き、慌てられました。

猛さんの将棋仲間たちも慌てて会いに来てくれました。

この3日間でしないとあかん事を一気に便箋に書き留め、翌朝から一気に行動開始!!!

石のくせに、頭の回転がガンガンフル回転!!!

自分でも怖いくらいに!!!

それが一気にスムーズに面白いくらい進んで行くので、この選択で正しかったんやなと確信し、とても嬉しかった。

そして福岡へ。息子が独り暮らしから寮に変わる事もあり、お家の中がもうえらい事でしたが、そんな事はどうにでもなるわと。

有り難かったのは、ベッドを一時的に預からせてもらえた事。

高齢者になると、お布団よりもベッドじゃないと、足腰が弱っているからとても危険ですね。今は色んな補助も受けられますから、最寄りの市、区役所でお尋ねしてみてくださいね。

一日だけは仕方なくお布団で辛抱してもらいましたけど、学斗ぉ～ありがとう!!　でした。

心身弱り果てた猛さんをどうすれば回復できるのか?と、先ずは考えました。

元々の性格が人を頼る事が嫌な人で、甘える事など一度もありませんでしたから、先ずはそこから伝えました。

お父さん!!　今はしんどい時やねんから甘えたらええよ!!

辛抱せんと何でも伝えてや!!　わかった?

娘に遠慮は禁物やで!!!

ちかちゃん、ありがとう。

わかった。辛抱せんと甘えるわな。ほんまにありがとう。

そこから……。

ちかちゃん!! 身体が痒いからタオルで拭いてくれるか?
お薬塗ってくれるかな? 仕事で疲れてるのに悪いな……。

どこが痒いのや? ここか? よっしゃクリームつけたろ。

お風呂にも一緒に入りました。恥ずかしさは全くありません(笑)。
自分の事はあまり女としての自意識がないので。自分=いち人という感覚なので、自分の家族の前では……。ご想像にお任せします。

ヒント……ありのままの野生人(笑)。

湯船に浸かるお父さんは、毎回目を瞑り、ホッコリされていました。実家の湯船は広くて素晴らしいのに、狭過ぎてごめんねと何度も謝りましたよ。
狭いからこそ危険が多く、介護と介助の学びの日々でしたが、とても楽しかったです。
シャンプートリートメント、お髭剃り……。上がる時もバスタオルで拭き拭きします。

大事な所も拭いといてあげるわな。
ちかちゃん、しょぼくれた柿でごめんな(笑)。

ウケるわほんまに（笑笑）。


高齢者になると、毎日の入浴は体力的にキツいようで、わたしに気を遣ってるのか？　予約の少ない日に「お風呂お願いしてもええかな？」と言っていました。

今日は何人予約入ってるんや？と毎朝聞いてくれてましたから。

入浴のない日は身体を温かいタオルで拭きました。


朝のルーティンもお散歩ゆずも同行……


4月に入るとめちゃくちゃお元気に戻りました。杖も必要なくなり体力も戻ってきて、破天荒なので、室見川あたりをひとりでお散歩。

お昼ご飯の準備は要らんで!!

って、スーパー行ってみたり外食したり。お天気のいい日は室見川のベンチに座ってお弁当を食べたと言っていました。


元気が戻ってくると、退屈してきますから。テレビ番組も関西と違うし、何となく不服そうに感じたので、オセロを買いに行きました。勝負事好きな人だったので……。

負けず嫌いやのに、娘には一勝しかできはりませんでした（笑）。

朝晩、オセロガチ対決!!!　朝の韓国ドラマ終了と同時に！

8月ぐらいまでは、毎日欠かさずオセロガチ対決（笑）。

病院診察は月に一度だけだったので、予約のない日やお休みの日は、車であちこち、ゆずも同行散策に行きました。

海が好きな人でしたからね。糸島にはよく行きました。

カラオケにも一度連れて行きました。嫌やと言っていましたが、マイクを持てば離されませんでした。はっきり言って、可哀想なぐらい、オンチでした（笑）。

季節が段々暑くなり、外で遊ぶのが厳しくなってきたので、又悩みました。お父さんが喜ぶ事は何なのか？

あっ!!!

昔2回ほど、わたしが独身の時のお正月休みに一緒に行ったパチンコ屋さん！

モーニングというのから初参戦した娘。父は何度かお友達に連れて行ってもらっていたらしく、ちかちゃん!!　扉が開いたらあの列のどこかの席に何が何でも座らなあかんで!!

あの一列の中に……天国の椅子が2台あるからな!!

わかった!!　あの列に何が何でも座らなあかんって事やな!!　ダッシュするわな!!!

わたしたち親子はその一列に座れ、2人共に天国の椅子に運良く座れるという、ラッキーを経験した記憶を思い出しまして。

パチンコ屋さんに行ってみよか？？
えぇ⁉　長い期間行ってないわ。淀にはパチンコ屋さんないからな、ちかちゃん。
今は1円パチンコっていうのがあるらしいよ。
そうなんや、1円パチンコ？？　まぁ、とりあえず行ってみよか‼
わからんかったら店員さんに聞いたら教えてくれはるわ。

久々の親子はワンダーランドという所に行きました。内心、久々過ぎてドキドキ♡

結果は、2人揃って……勝利。帰宅後もお父さんは……
あの台は良かったなぁ、ちかちゃんは最初の出だしが悪い。
わかった‼　今度はお父さんに負けへんわ‼

お休みの前の日には、明日はどうしたい⁉と聞くと
決まってるやんか‼　ワンダーしかあらへん！
わかりました!!!

元気過ぎて、ほんまに年内にあの世って、嘘と違うかぁ？？と、わたしたち親子は真剣に語り合いました。

ガチのオセロ対決、年内には必ず勝つと言ってはりましたが、それは叶わなかった。

猛、アウト!!（笑）。


何の歌を歌っていたのかも理解できひんかったわ。ごめんやけど（笑）。

ワンダーランドでの最高新記録は28連チャン。天国が止まらなかった……。

お父さん!!! おトイレ行きたいから代わって!!

わかった!!! 任せろ!!!

ありがとうちかちゃん、まだ続いてるで!!
そーか!! すごいなぁ……
この台潰れたんと違うかな？？（笑笑）
この夜は……とても嬉しかったのか!?
ちかちゃんに運が巡ってきたな!!!
あんたはスゴいわ（笑）。

その時は、身体が痒いとかしんどいとか全く言われなかったので。

余命宣告をされた方が、楽しくて面白くてたまらない事をしてあげてください。怪我をしたり、家庭崩壊になるような事はあきませんけどね。い〜っぱい、笑顔で尋ねてあげてください。

何がやりたいの？？ 何が食べたいの？？ 何が飲みたいの？？ 何がほしいの？？

何処に行きたいの？？ 誰と話したいの？？ 誰と会いたいの？？

たくさん、たくさん、聞いてあげてください。でも、笑顔で!!が必須ですよ。

可哀想……悲しい……辛い……嫌だ……。

わかります。とてもその気持ち痛い程わかります。
だからこそ、自分の気持ちの前に、目の前におられる大切な大切な、余命宣告を受けた方を喜ばせてあげる事を、最優先してあげてください。

そして……共に楽しむ事
そして……共に笑顔になれる事
そして……画像をたくさん残して
一刻、一刻と時が経過していく貴重な時間を、できるだけ側で寄り添ってあげてください。
独りきりだと、心細くなられます。死を宣告されておられるという恐怖感は、物凄く強いと思うので……。
そして、スキンシップを大切にしてあげてください。手を握ってあげてください。
ワンダー出勤最後あたりは、おトイレも付き添いました。そこまでしても行きたかった父……。
ある意味、根性あり!!! ほぼ勝利だったので(笑)。

その時によく言っていた事は、
バージンロード一緒に歩いたけど、何十年後にこうして又腕を組んで歩くとは……。ほんまにウケるわ。ワンダーで happy ロードや（笑）。

自分が子どもの頃、お父さんお母さんはとても強く逞しく、スゴい人やなと思っていたのに、社会人になる頃には、同じ目線で会話できたり語り合えたり。

経験豊富のご両親だったらきっと、たくさんの助言や経験談教えてもらえたでしょう。

最期が近くなると、無理や我儘を伝える幼児になり、亡くなる寸前は、オムツになって赤ちゃんになられます。

だとしたら……天国から今世に誕生、赤ちゃんから始まり、天国に戻る時も、赤ちゃんに戻るんやね。上手いカラクリだわ♥

わたしたちが誕生し、ミルクやオムツを変えてもらってきましたよね。覚えてないけど今生きているならね。

今度はわたしたちがご飯をお口に運んであげたり、口もとが汚れてると優しく拭いてあげたり、オムツ交換も喜んでしてあげなきゃね!!

してもらってきたんやからね、あたりまえの事でしょう？

一昔前は、余命宣告は、本人には直接されていませんでしたね。がん告知もです。わたしは全てを知りたい方です。

余命宣告されたら？？

その日が来るまでにしておかないとダメな事、片っ端からやって……。

残された家族に迷惑かけたくありませんからね。

やるべき事が完了したら、やりたい事を片っ端から体力ある限りやりまくります。美容師は厳しいかな？

バウンドテニス何歳までできるかな？　弓道もどうやろか？（笑）

そう思うと、知っていた方が幸せかもしれませんね。事故死の場合は……もっともっと苦しいし悲しいです。想像するだけで泣けます。ごめんなさい。


目の前の大切なひとを大切と思うならば、泣き言など言って止まっている場合ではありません。

時間が止まればいいのに!!とわたしも何度も何度も願いましたが、それは叶わないので。

お父さんが眠ってる時だけは隠れて泣きましたけど、起きてはる時は、お父さんの意見を一番に尊重しました。

体力的なことなど、これはどうしたらいいのかなぁ？と悩まれた時は、その方の主治医にご相談されてください。必ず良い言葉を下さるでしょう。

いずれ誰しも、死を経験するのです。誕生してきたのだから……。

その大切な方との貴重な限られた時間をどうかどうか、大切にしてくださいね。

この事を今夜投稿するねってお父さんにも伝えています。

どうか、この気持ちが多くの方に伝わればほんまに嬉しいです。

パチンコの話を、お客様に伝えたら、軽蔑される方おられました。その方は残念ですが、失客となりました。

ある方は……わたしの父親もパチンコ好きだったから一緒に行って楽しませてあげたかったけれど、もう叶わない、と、ものすごく悔やまれ涙を流されていました。

お互いが後々後悔しないためにも、時を大切に。

Z世代への
メッセージ

ありがとう、そして
Deo gratias

これからの人たちへ

これからの人たちへ、わたしが京都に暮らしていた時から……様々な悩み事やそのお客様の側におられるお母さん達から、お願いをされていた事をふと思い出し。

ここ最近、わたしとたまたま関わった方々からの切実な生の声とリンクした気がしたので、心から綴り、伝えたいと思いました。

少し長くなりますが読んでもらえたら嬉しいです！

わたしはシザーを持ち、鏡を見ながら、その目の前に座られるお客様の髪の毛を、その方に似合い、お手入れが簡単にできるようなヘアスタイルを提案します。コミュニケーションを大切にしながら、作り上げていく中、目の前に座られるお客様から多くの相談事を聞いてきましたし、今も現在進行形です。めちゃくちゃ心からワクワクして楽しいサロンワークです。

今は、わたしひとりでのサロンワークです。21歳の時に勤務していたサロンの環境があまりにも酷過ぎた事から心の病を患い、せっかく出逢えた大切なお客様たちに最後のお別れの言葉も直接伝える事ができないまま実家に戻り、とても悔しく、後悔しました。

そのサロンには申し訳ない事をしたなと思いましたが、自身が担当した多くのお客様へ、退職後約3ヶ月以上経過した頃の時期を見計らい、御礼のお手紙を実家京都から大阪府内に住まわれるお客様へ送りました。

最後には一言「今後もこのサロンをどうか宜しくお願い致します」と書きましたが、大阪難波にある美容の問屋さんで、退職したサロンの奥様と遭遇した時に物凄い剣幕で怒鳴られました。

「あんたのせいで多くの顧客が来なくなった‼　何してくれたんや‼　手紙なんか送って‼　ほんまにどうしてくれるねん‼!」と……。

わたしは当時23歳、心身弱り果てたややうつ気味でも、美容師に復帰したいと強く希望!! お友達から「このサロンえーで!!」って教えてもらって即行動、お客さんのふりしてこのサロン「Jour/SUNROAD」という美容室に、髪の毛を切りに行ったんです。そしたら、そのサロンの和気藹々とした、明るい和やかな空気感を感じた瞬間、ここでなら喜んで働きたい!!! 働かせてもらいたい!! 働かせてもらお!!、と即決。1週間後に面接、中途採用で特別に入社させてもらえました。

Jour/SUNROAD美容室。現在も10店舗しっかりと展開されてます。昔から退職者が多い美容業界ですが、ここでは退職するスタッフのほとんどが円満退社。独立する時です。自慢できます。

わたしもその中の1人なんですよ!!

この会社、Jour/SUNROADはわたしの誇りです!!!!

心身弱り果て、人間不信となったわたし自身を救ってくれた現会長は、「この子は大切に育ててあげないとあかんな」と、当時の面接の事を尋ねた先日の電話で伝えてくださいました。わたしをわたしらしく、伸び伸びと心強く、逞しく鬼の魂を育て上げてくれた、聖域のスタッフたちと一緒に居ました。怖いもの無し!! はっきり言って、無敵!!!

その時既に鬼わたしになっていましたので、わたしはその方の目をしっかりと見ながらこのように伝えました。

「お世話になったお客様への御礼のお手紙を送りました。退職後の3ヶ月経過した頃を見計らって投函しました。何故だかわかりますか? 3ヶ月も経てば一度はご来店されているはずです! その手紙の内容を最後まできっちり読まれていませんよね?」

当時24歳のわたしは、前サロンのオーナーの奥様に強く問いかけました。その問いかけに一切返答はありませんでしたから……。

最後の文面に、今後もこのサロンをどうか宜しくお願い致しますと書きましたけど、多くのお客様がご来店にならなくなったという事ですよね? それはわたしのせいではありませんよ!!

わたしに対して叱る前に、今おられるスタッフとあなたたちオーナー側のやり方を見直された方がいいんと違いますか？　お客様への気配り、しっかりとしたスタッフ、顧客管理ができていたら。わたしひとり退職したくらいでサロンが傾くのはおかしいでしょう？　今後はもっとお客様とスタッフを心から大切にしてあげてくださ〜〜い!!!」と、ブイッとそっぽ向いて早歩きで歩む背を見ながら叫びました（笑）。

側に居た後輩スタッフ達は無言でした。わたしは笑顔で「ハァ、スッキリしたわぁ〜」（笑）。

現在、生きづらさを感じてる方、摂食障害を患われてる方、うつ病から抗うつ剤や睡眠薬を手放せない引きこもってしまった方、自分が好きになれない方、今後の未来が怖いと感じている方、苦しむ負のスパイラルに巻き込まれた原因……必ずあると思います。

その事は、思い出したくもないくらい辛く悲しい苦しい出来事だったと思いますが、既に時が経過していますね。

あなたの大切な一度きりの人生、そこで幕を閉じるのは早いと思いませんか？

自分を苦しめた心の無い人たちからの悪意行為は反面教師と捉え、自分はそうならへんぞ!!!と思い、苦しいと思うけれどゆっくりでいいから、自力で、勇気振り絞って立ち上がってください!!!

そして将来どんな風に過ごしたいのか、リアルに頭の中で心の中で映像を浮かべてみてください!!!

そして、お家の中の自分のお部屋のベッドの中で潜っているのなら、窓を開けて外の空気を吸って、深呼吸してみてください!!!　そして外の景色を眺めてください!!!

秋の紅葉、まだ見られますよ。外出する準備が整ったら、先ずはそのあたり散歩をして気分転換してください!!!

体力が無いと少しの歩行でも疲れてしまいます。だからほんの少しでいいですよ。無理は禁物です!!　少し外に出て歩いた自分自身をしっかりと褒めてあげてください!!!

よーやった!!!　あんたえらい!!　賢い!!

そして、手を洗い鏡を見てください。今生きている……自分の目をしっかりと見感じてください!!!

えー事あるのは今からやぞ!! 諦めたら……損をする!!! 元の自分自身を取り戻したろ!!!

んん？？？ もう今、元の自分やんか（笑）。ヤッタァーーーーー!!! 心から喜んでください!!!

そして美味しい食べ物をよく噛んで味わってごっくんしてください!!! そうそう……水分も摂らないとあかんよ!!! そしておトイレで口からやなくて、お尻あたりから排泄をお願いします（笑）。

世界のトップモデルさん、スリムですがめちゃくちゃ筋肉あられます。体力も保持!!! 健康的なスリムボディ。

わたしはずんぐりむっくり（笑）。そうそう、笑う事は心身のサプリメント!!!

お笑い見てください!!!

負のエネルギーMAXの時は、お笑い見ても目が座ってる（笑）。わたしも経験済み。

無関心無感動。ぼーーーーーっとしてる……。倦怠感MAX。入浴するのも数時間、半日かかるから……。ほんまに、大仕事。わかるよ!!! ほんまにやる作業多過ぎて、頭回らへん。

誰か身体洗って流して、シャンプーして流して、トリートメントつけて流して。ふぅ溜め息。わたしも何度も何度も、ふぅ、ハァ、心の病を感じていた。

抗うつ剤は一瞬は効果があっても、数時間後、その数倍不安感が襲うらしいから。多く服用すればするほど不安感が数倍襲いかかる。もしかして!!! それを断つために睡眠薬とか更に服用してしまってるとか？？？

そんな怖い事したらあかん!!! 逃げたらあかん!!!

自分に負けたらあかん!!!

明るい未来がそこに待っているからね!!!

［少しずつ断薬したいなら？ 勝手にしたら又おかしな事にならはるみたいやから……主治医に相談したらえーよ!!! 断薬のやり方。其々の薬によって違うみたいやから気をつけてね!!!］

そんなん嘘や!!!って思ったらそうなるんよ。

言葉には、言霊ってあるんやって!!! 知ってる？？？ 検索してみたらえーよ!!

検索だけは早業なくせに、ほんまにウケるわ（笑）。

わたしががんを患った時からよくしていた事……笑顔、食べる事、寝る事、プラス発想、ポジティブ思考、えー事しか考えない事。

自分は不幸じゃない、めちゃくちゃラッキーな人。自分の好きな事無我夢中になれる事って何やろ？？？と自分に問いかけてみてね!!!

自分が自分にしっかりと何度も何度も繰り返して問いかける。それめちゃくちゃ大事!!! ひとに聞く勇気あったら？？ お布団の中にずっとおらんやろしね、好きで寝てるのと違うねん!!

どーしたらえーのかわからんから、何となくお布団の中におるだけで、目はしっかりと覚めてるし!!!（笑）。熟睡なんか数年経験してへんもんな!!!

図星!! だって、経験してるからね!!! お年寄りが手術後、遅くても2日目からリハビリ開始の時代!!! 本気のスパルタ（笑）!!

若さあるひとがジッとして身体をずっと横にしてたら、あちこち痛くなるし倦怠感も悪化する。筋肉体力も低下して、高齢者よりもアウト（笑）。

勿体ないよ!!! 身体を起こす事から先ず始めてみてよ!! 髪の毛ボサボサでもかまへんからね!!! 誰も見てへんし（笑）。

このややこしい文面、何度も何度も読み返して、行動してみてください!!!

いつの日か心身が不思議なくらい熱くなるから。ご飯の、準備してくれはるそばにおられる方にも、ありがとうございますって思って……。

ありがとう!! 美味しかった!!!って言葉を相手に伝えないと、バチ当たるで!!!（笑）

そんな感じです。今日は、ここまでにしといてあげる（笑）。

あんたがめっちゃ可愛いから。

Z世代の生の声

先日、息子のお友達がこの世を去りました。まだまだこれからという……21歳の若さでした。

15時に出棺と知り、わたしたち親子はそれぞれの場所から黙祷を捧げました。今朝、わたしのお家にあるお仏壇のお花がボキッっと何本も折れていました。

彼と直接的に関わっていた期間は、約6年間でした。福岡へ引っ越しした後、彼が高校生だった頃1度だけ。電話で話してからは、時折その子の親が投稿する画像を見て、成長ぶりを楽しみにしていました。

なのに……呆気なくあの世に先立ちました。

ニュース番組等で気になっていた事は、Z世代のオーバードーズ。わたしの暮らす所でも、薬物が入ってるグミが販売され摘発されたと、そのZ世代の子たちから教えてもらいました。

最近、Z世代の子たちとの関わりが増え、その生の声を聞き知り、そして彼の死、生きづらさ、生きるためにオーバードーズ……市販薬を乱用し、現実逃避、免疫力が弱ってしまっていたら？　そんな形で命を落としてる子も多いと知りました。

その背景には何があるのだろう？？？と。その子たちに問いかける事、数年間。

家庭環境、学校での集団生活。わたし世代は、◯木くずし、暴走族、シンナー中毒、ヤンキー。中学時代は、校内暴力、◯八先生……。

時代の流れで、生きづらさ、様々やなぁと考えます。

わたし世代の頃は、登校拒否してる子の数は僅かでしたが、今は多いようですね。何故でしょう？？？

登校拒否しお家の中では心穏やかな子たくさんいるのかな？　学校でも居場所がなく、お家に帰っても居場所がない……そんな子たちは、この先行きどうなっていくのでしょう？

人との関わりが途絶えてしまえば、ひとりぼっちになってしまいますね。その子たちひとりひとりには、わたしたちと同じように大切な命、たった一度きりの大切な、大切な人生……自身が生き、自身が活かされる事に繋がれば、それが自信となりひとの力にと、自然体に手を伸ばせるのではないでしょうか。

わたしは高校1年生の時に中退し、中退する代わりに美容師になると入院中にあっさりとひとりで決めていました。

勿論、夜間の美容学校卒業した時に、世間体を気にする母親から「その前に高校の卒業証書を見たかった」と言われた時はとても悔しくて、一生懸命、朝から夕方までバイトして自力で学費払いながら夜間の美容学校に通っていたのに、何で？？？　何で？？　よく頑張ったねって認めてくれへんねん!!!と、反抗しました。

当時の美容師は、ヤンキーの子がなる職業というレッテル貼られてましたからね。

それも悔しかったな。

どこの学校行ってるの？　美容学校です!!　あんたはヤンキーやったん？？って……。生きづらさ、沢山経験しました。

今のZ世代の生の声綴ります。

親から勉強の事めちゃくちゃ言われる。テストの点数とかも、親同士で話してるみたい。学校で勉強して、塾でも勉強してるのに、自宅でも勉強は？？って言われる。テレビとか観てお菓子一緒に食べたりせーへんのか？　しませんよ!!　自分の部屋にこもりますよ。

そんな生の声、実は多く聞きました。SOS出してるのに気づいてもらえないのかなぁ？　大切なわが子やのに。

わたしの母親は、世間体を気にはしていましたけど、何故か、オール1か2だったわたしの通知表見ても一度も叱る事はありませんでした。

がんを患い、抗がん剤治療での副作用で白血球の数値が低過ぎて、緊急入院で面会謝絶になった時に、病室で点滴を打つわたしは、付き添う母親に「お母さん！　ちょっと聞きたい事があるんやけど。お母さんは、昔から世間体をめちゃくちゃ気にするくせに、勉強しなあかんとか、酷い時は1点しかとっ

てない答案用紙見せても何で何も言わへんかったんや？」と問いかけたら、

「千加ちゃんの事を、8ヶ月の未熟児で産んでしまったから、勉強できひんのはわたしのせいやと思ってて……。それまでキツく言ってしまったら、千加ちゃんが可哀想やったから、言わなかったんよ」

「わたしがアホなんは……自分のせいやと思ってたんやね？」

お母さんはコックリとうなずいてました。

その何とも言えないしょぼんとした姿を見て、わたしは泣きながら、ありがとう、今までずっと反抗してきてほんまにごめんな、ってお母さんを抱きしめて、心から謝りました。

こうした親子の向き合い方に悩んでる方々多いです。

Z世代だけではなく、この世の中、親子なのに歩み寄れない理由……様々な意見沢山聞いています。

お互いの思い込みの行き違いも多々あって、親子でサロンに来られる方々の間に入り、もつれてしまった糸を少しずつほぐしていく、心のカウンセリング。

これはサロン経営してる限り、永遠に継続していきます。

お母さんはこんな風に言って喜んではったよ!!!

○ちゃんはこんな風に感謝してはったよ！！

深いご縁があり、血の繋がったかけがえのない大切な家族。わたしがシングルマザーとして歩み始めたのは、亜未ちゃんが5歳、学斗君が2歳半の頃でした。

2人は社会人になりましたけど、幾つになっても子育てについてひとり考える事ありますよ！　これも終わりのないテーマ、課題です（笑）。

親子でも、ひとりの人間同士なのでね。互いの今ある気持ちや思いを率直に、素直に、正直に伝える事があたり前にできて、お互いのカラーがより良く混ざり合い、活かせられたらめっちゃいいなぁって、切に思っています。

3人ともに他業種なので、だからこそ、色んな目線で物事が見えてその生の声を知り、自分の今ある目の前の仕事や人間関係に対しても、より良く繋がれば最高やなって感じてる、昔で言う、アラフィフ女性。

その心、偉そうに綴らせてもらいましたけど……。

皆さんはどない思いはりますかね（笑）？？？


天国に旅立った……21歳の僕りんへ……。

千加ちゃんに感想を述べてくれへんかな。夢で逢えたらええのになぁ。頭、優しく障害のあるこの右手で、撫でてあげよう。

無念を晴らす

Z世代の生の声。

その数日前に、息子の友人の死……。

これは偶然ではなく、必然だと感じました。伝えにくいとは思うけれど、亡くなった彼の母親に、その経緯の全てを伝えてほしいとお願いしました。

彼を死に追い込んだ真実をただ知りたかった……。

その原因は、亡くなった彼の携帯電話に残っていたと知りました。

パワハラ、ＤＶ……。


彼の母親とメッセージアプリで話しました。

彼はコトバという名のナイフで人生を奪われてしまった。言葉の狂気そして、暴力……。いつから、どのように、誰が……。

離れていても、心をひとつにして、原因の究明を目指す。パラパラになったパズルを一つ一つ揃え続けて、完成した時には訴訟を起こし、闘うと。

彼の母親の体調が落ち着いた頃、彼の母親と共に決意表明、心に誓いました。

彼の肉体はもうこの世には存在しませんが、命亡くなっても、魂は生き続けますからね。見過ごしたら絶対にあかん!!! と強く背を押し、ママ友の手を強く引っ張りました。

昨夜自宅に帰宅して、彼の写真が入った写真立てを見ていて、ママ友に「真実を尋ねないとあかんな！」と伝え、即行動に移しました。

きっと彼の味方である友人たちが目撃しているはずだと感じましたから、少し弱気になっていたママ友に、「〇〇の死を無駄にしたらあかん‼ シングルマザーの母親が弱い事言ってたらあかんやろ‼」と。

彼が幼い時に、わたしも同じシングルマザーとしてこの子の子育てに参戦してましたからね。協力するのはあたりまえの事。〇〇、ママとわたしのこれからの歩みを天国から見ておいてや!!!

千加ちゃんの涙はもうカラカラに乾き切ってしまったから、泣き言は既におさらばや!!! 笑顔で、その相手に対して心から立ち向かったる!!!

心から深く、謝罪してもらうしな、〇〇待ってろ!!!

ブログをご覧になってる心ある同じ彩の皆さん、彼の無念を晴らすことができる事をどうか、支援してください。

そして、身近でこのような事があれば、見過ごす事はしないでほしいです。

Happy load. Deo gratias.

〈著者紹介〉
杉本千加（すぎもと ちか）
1969年京都生まれ。作家、美容師、再現美容師、着付け師。16歳で美容師を志し、関西高等美容理容専門学校夜間部を卒業。関西の美容室3店舗勤務後、株式会社 Jour/SUNROAD で17年勤務。35歳でシングルマザー、38歳で乳がん告知を受け、右胸全摘出とリンパ節切除手術、抗がん剤治療を経て美容師に復帰。NPO法人日本ヘアエピテーゼ協会所属の再現美容師となり、ブログを設立。福岡県に移住し、2013年にhair care lienを独立開業。波瀾万丈の経験を生かし、人生の道しるべとなることを願う。happy load ＊ deo gratias

真《ま》っすぐ —再現美容師《さいげんびようし》 chikaブログより—

2024年9月25日 第1刷発行

著 者 杉本千加
発行人 久保田貴幸

発行元 株式会社 幻冬舎メディアコンサルティング
〒151-0051 東京都渋谷区千駄ヶ谷4-9-7
電話 03-5411-6440（編集）

発売元 株式会社 幻冬舎
〒151-0051 東京都渋谷区千駄ヶ谷4-9-7
電話 03-5411-6222（営業）

印刷・製本 中央精版印刷株式会社
装 丁 弓田和則

検印廃止

ISBN 978-4-344-69152-0 C0095
幻冬舎メディアコンサルティングHP
https://www.gentosha-mc.com/